父母教练 | Parenting
推动摇篮的手推动世界

目录
Contents

作者序　梳理情绪，真实做自己　　　　　5

Part One
适情适性，孩子轻松教　　　　　11

观念篇
培养孩子的健全人格　　　　　13

实用篇
1. 为何现代父母难为？　　　　　38
2. 什么才是适当的管教？　　　　　42
3. 做个"足够好的父母"　　　　　46
4. 如何让孩子"听话"？　　　　　51
5. 三法则，听到孩子的内心话　　　　　55
6. 掌握优质亲子沟通的四方向　　　　　61
7. 如何引导好动儿？　　　　　65
8. 温柔地等待　　　　　70
9. 帮助孩子练习选择　　　　　74
10. 为家庭的亲密度增温　　　　　79
11. 让快乐成为传家的宝藏　　　　　86
12. 营造"共感时刻"，编织幸福记忆　　　　　90
13. 爱的大富翁　　　　　94
14. 让欣赏成为家庭文化　　　　　100
15. 给孩子值得珍藏的美好回忆　　　　　106

Part Two
有方有法，家庭 EQ 高　　　　　　　111

观念篇
提升孩子的情绪智商　　　　　　　113
实用篇
16 当其他同伴不和你的孩子玩　　　138
17 为什么 EQ 检测能筛选出最合适的总统？　143
18 如何培养孩子的克制力？　　　　147
19 四方法，帮助孩子克制冲动　　　153
20 留白，让 EQ High 起来　　　　　158
21 如何帮助孩子增强自信心？　　　163
22 你能侦测出家庭的压力吗？　　　167
23 别让分数打败 EQ　　　　　　　172
24 避开盛怒的暗礁　　　　　　　　178
25 夫妻教养观念不一致，怎么办？　182
26 四原则，帮助手足相亲相爱　　　186
27 玩笑开过头，怎么办？　　　　　190
28 当孩子沉迷电玩　　　　　　　　194
29 培养乐观的孩子　　　　　　　　200
30 从"心"出发，走出逆境　　　　206

附录 1 天生气质负向标签与正向描述转换表
附录 2 适性教养的特殊性原则
附录 3 教养锦囊妙语

作者序
梳理情绪，真实做自己

"我是做爸爸之后才学会怎么做爸爸的！"这句知名的广告语，也是许多父母共同的体认。研究所主修儿童心理学的我似乎相对幸运了些，总以为自己对孩子在气质与智力上的个别差异早已了然于心，对如何了解孩子的情绪、规范孩子的行为，更是一副胸有成竹的模样。然而，拥有两位性格南辕北辙却各自鲜明独特的女儿，经过二十多年母亲角色的磨练，我深深觉得自己是"当了妈妈才日渐懂得做真实的自己"。

大女儿小学四年级那年，有一天轻描淡写地说起："学校要举办母亲节庆祝大会，正在征集才艺表演节目，不过我打定主意不要上台表演喔！"一向自诩开放民主的我当即回应："表演是你自己的事情，只要你不愿意，妈妈一定不会勉强你。"却又忍不住要问她为何不想上台。她说："我才四年级，那些高年级的学长学姐们一定会嘲笑我，我才不要上台。"我重申不勉强的态度之后，再次忍不住游说:"可是你正在学小提琴,而且拉得还不错,有机会上台是很好的磨练耶!"经过几番你来我往后,女儿仰起头问我:"妈妈,我上台表演,你是不是会觉得很有面子?"

渐渐懂得做真实的自己

这种被孩子"直指人心"的尴尬时刻,想必当过父母的都不陌生,还好心理学教给我的不只是知识和技巧,还有一项最重要的法宝——"自我觉察"。闻言当下,我哈哈大笑,向女儿俯首认罪:"真的耶,你的琴拉得那么好,如果上台表演,别的家长一定会说'你家女儿好棒啊!'我会觉得脸上有光啊!"女儿立刻回应:"好吧!为了你,我上台表演好了。"

我庆幸平时功夫下得多,母女关系不错,女儿愿意满足我一时的虚荣,然而,在亲密关系里,这样的需索不可无度使用,更重要的是,我终于真正了解了心理分析大师温尼科特说的,足够好的父母必须"对自己坦承、不以孩子的表现来界定自己的价值"的意思。之后,我更留意不让孩子成为弥补自己人生未了心愿、未完梦想的工具,如此不只孩子可以更自在地做自己,我也逐渐地更接纳自己。早年的亲职教育工作里,我总急着教导父母"如

Preface 作者序

何和孩子沟通""如何引导孩子解决问题"之类的课题；而今，我虽然仍会在众多父母需要提点时提供关于儿童发展的知识与人际互动的技巧，但我更关注的是，"什么样的态度是帮助孩子成为美好自我最重要的本质"。

在这个"逐渐懂得做真实的自己"的旅途里，我发现梳理情绪是其中最核心的能力。不只一次，只要我明白自己难受什么、为了什么雀跃，真诚分享总会得到极大的回应与支持；不只一次，只要我了解孩子在意什么、为了什么愤怒，真实的回应也必然能帮助孩子逐渐把情绪放下。

梳理情绪为生命找到美好的动力

我在生了大女儿之后选择自己教养孩子、陪伴孩子成长，感受到所学对梳理情绪、真实做自己与扮演母亲的角色有莫大的助益。在孩子稍长后，我开始了亲职教育的工作，希望藉由理论概念与实务经验的分享，帮助现代爸妈脱离"父母难为"的窘境。在一次带领父母成长团体的场合，有位妈妈说："心理学这么有趣又实用，为什么不也教教孩子，让他们自小学习，效果岂不更好？"当时大女儿还在小学阶段，于是我利用暑假在自家办起了"小小心理学家"夏令营,将心理学有趣易懂,又和孩子的生活息息相关的内容编成教材,和孩子们玩了起来。未料,这些孩子的父母反应,上过课的孩子果真变得比较会处理自己的情绪,也比较能体贴家人。于是我开始投入这项创造性的工作,这是我从事儿童EQ教育的肇端。

自家实验结果不错,也成为我投入社区营造工作的一个切入方式。1996年我在北投举办了第一届"春风少年自信营",2002年春,更开始大量培训EQ教育种子义工,为台湾小学高年级学童提供EQ教育课程服务,让更多的大人小孩有机会接触。

有人问我:"每年重复谈一样的主题,不觉得厌倦吗?"之所以说上千遍也不厌倦,是因为面对不同的听众永远会激荡出不一样的火花,而每每在说给别人听的同时,内在又多了一番新的体认。"懂EQ之后,发觉孩子和先生突然变可爱了""似乎找到一扇开启新关系的大门,我比以前更喜欢自己,也更欣赏家人",每一位接触EQ的伙伴都有他独特的生命经验。

有一年我亲自为某小学六年级的一班孩子上《我好·你也好》的EQ课程,谈到每个人都有"父母""成人""儿童"三大分身,三者愈均衡,与幸福的距离愈近。下课时,有位小女生腼腆地告诉我："我的爸爸不太负责,妈妈必须辛苦养家,我常常要负起照顾弟妹的责任,所以我的'父母'分身很强;因为必须帮忙做家事、处理问题,我比多数的同学要成熟,'成人'分身也不错;还好我的个性本来就比较开朗,'儿童'分身也保留很多。虽然现在有点辛苦,但经过这些磨练,我未来一定会很幸福。"

虽然为这位孩子具有从情绪泥沼脱困的能力感到高兴,但从十一二岁孩子嘴里听到这样的话语,心里难掩悲戚。总希望着,有更多的大人在为人父母的过程里,学会梳理自己的情绪,不仅为自己的生命找到美好的动力,更为孩子树立温暖的典范与成长的鹰架。

因为这些点点滴滴的故事,以及当中的一些感触,在好友秀娜的鼓励下,我随笔写下这些文章刊登在报纸上,希望能和更多的父母分享。之所以能够成册和大家分享,要特别感谢秀芬与嘉欣协助校稿,以及《亲子天下》编辑团队的用心,让出版的过程充满生意盎然的气氛。

小女儿在中学时曾跟我说:"妈妈,你应该觉得很幸福吧!正处于青春期的我竟然一点都没有狂飙。"看着这个气质独特、小时候堪称"难教养"一族的女儿,很难想象今天已然亭亭玉立,而且在保有自己的原始风貌外，多了几分成熟的体贴与自制。我想，是父母的爱，让我懂得什么是人生的珍贵事物；是心理学的滋养，让我知道如何去享受这趟丰富的亲子之旅。

歇笔之前，我要感谢丈夫慧慈的体谅、支持和协助，让我在假日还有振笔疾书的时间与空间。也要谢谢女儿品臻、品谕，因为你们让我深刻体会，对孩子，在了解、接纳、引导、规范之外，更要以无所期待的心情守候一生。

PART 01

适情适性，孩子轻松教

观念篇

了解孩子的先天气质,并依此因材施教,孩子自然能发展出健全的性格,为幸福人生建立最坚实的基础。

培养孩子的健全人格

孩子不是你的
他们是"生命"对自身的渴慕
孩子经你而生非自你而来
与你为伴却不从属于你

你可以给孩子爱而非思想
他们自有见解
你可以庇护孩子的身体
但不可禁锢他们的心灵
因为孩子的心灵居所
是你即使在梦中也无法企及的明日之屋

奋力向孩子看齐
而不要设法让他们像你
因为生命既不走回头路

也不滞恋往昔

父母是弓
而孩子是充满生命力的箭
藉由你的力量射向前方
弓箭手知道无垠路径上的目标
祂将尽其所能将你拉开
使祂的箭射得既快且远
欣喜地顺服祂的旨意吧
因为正如祂爱那飞翔的箭
祂也爱那坚定的弓

  纪伯仑在《先知》里叙说亲子关系的这一段文字，读来令许多父母动容。然而，即使如此相信，面对日日琐碎的教养课题，父母仍不免心生疑问：孩子究竟要飞往何方？做父母的又该如何使力？

  曾经有很长一段时间，人们相信孩子就像一张白纸，给他什么样的环境，他就会长成什么样子。然而，只要有两个或两个以上孩子的父母都心知肚明，孩子绝非本无一物的白纸，从出生那一刻起孩子就已显露鲜明独特的个别差异。也许一个总是安安静静、一个老是动不停；也可能一个哭泣的时候居多、一个每天都开开心心。

近代心理学关于儿童发展的观点认为，孩子的性格发展是由与生俱来的特质，以及后天成长的经验不断互相影响而产生的结果。每个孩子都是独一无二的种子，父母扮演的则是园丁的角色，只要能够了解孩子的天生特质，给他需要的沃壤，他就能长成最好、最适合自己的样子。

这样的看法正符合我们长久以来相信"因材施教"的教养原则，和纪伯仑所说的诗篇也相去不远。唯一遗憾的是，去花市买植物的种子，总附有栽种说明：什么样的植物适合在什么季节播种、需要多少阳光多少水，都写得清清楚楚；孩子诞生时，上天却不会附送教养指南，许多父母既不了解孩子到底具有什么样的先天特质，也不清楚不同的孩子又该如何以不一样的方法来教养。

关于这个问题，心理学多少提供了一些解答与方向。孩子的性格确实受到先天与后天因素的影响，了解孩子具有哪些先天特质，后天环境（尤其是父母的教养）又是如何影响他的性格发展的，就能够发挥父母效能，帮助孩子发展出健全的性格。以下分为两部分，先谈先天的因素，再谈后天的教养。

先天气质的九大面向

美国学者汤姆斯和却斯（Tomas & Chess）在六十年代提出气质（temperament）理论，清楚地标示出性格的先天因素。所谓的"气质"指的是"对人或外在环境的反应方式"。气质是个性的一部分，主要来自天生遗传。汤姆斯和却斯列出九种气质倾向，认为婴儿在初生时，在这九个面向上就已经各有其独特的表现。他们以数百名儿童为对象，进行了好几年的追踪研究，发现这些差异在孩子一路成长的过程中维持着相当的稳定性。气质的九大面向包含了活动量、规律性、情绪本质、反应阈、反应强度、适应性、趋避性、坚持度，以及注意力分散度等。这些面向指的是什么样的行为模式？孩子在这些面向上有什么样的不同？分述如下：

1. 活动量。有些孩子天生活动量就很高，甚至在妈妈的肚子里就已经是个好动宝宝。他们像快速充电的永备电池一样,再累,只要小憩一下就恢复精力旺盛的模样,让父母疲于奔命。这样的孩子上了学之后,也很容易被责备,因为他的身体需要比较多的活动,别的同学还安安静静地坐着,他已经受不了了,不是翻翻左边同学的铅笔盒,就是拉拉前面同学的小辫子,很让人头痛。但活动量高也有好处,譬如说全家刚出门就发现忘了带一样重要的东西,这时问孩子"谁愿意帮爸爸妈妈去拿",会举手的多半是活动量高的孩子。而长大后如果他喜欢学习,可以学习的时间也比别人多很多。

活动量较低的孩子带起来比较不费力,从小就常被大人称许"这孩子好乖"。一般而言,父母比较愿意带这样的孩子参与社交活动,得到赞美的机会也多。不过,在这个高压力的时代,要学的东西太多,活动量低的孩子可能相对不利,因为当别人还精神奕奕地在学习时,他们已经满脸倦容非得就寝不可了。

2. 规律性。规律性高的孩子就像是天生装有一个定时器在身体里似的,他们睡眠、吃饭,甚至上大号的时间都是规律的,父母可以准确预测孩子的作息,也可以配合着安排自己的事情,因此带起来觉得顺手无比。有的孩子则是连生理的运作都很不规律，他们也许两天贪睡三天早起，也可能这一餐间隔很短就吵着要喝奶，下一餐却不知道什么时候才会饿。

规律性高的孩子很好带，也容易建立良好的生活作息，但相对的可能弹性较低，不太能接受临时变化的状况。不规律的孩子通常比较让父母费心，需要较长的时间与更多的耐性，帮助他建立基本的生活作息与常规，但是这些孩子也可能因为不按常理出牌而显得比较有创意。

3. 反应阈。"阈"的意思是"门槛"，"反应阈"指的是一个人对外在事物、各式各样刺激的感觉敏锐度，因此也可以叫作"敏感度"。每个人的反应门槛天生略有不同，有些孩子的反应门槛很高，要比较强烈的刺激才会有感受，一般人常说："这个人神经很大条。"指的就是这个状况。

这样的孩子即使外界无比喧闹，他照样可以倒头就睡，也不太会抱怨阳光太强、厕所太臭、食物有快要馊掉的味道。不过，当他们对于擦伤或中耳发炎的疼痛不太敏感时，父母可就操心了，更不用说这样的孩子还可能尿布已经湿到渗出来了，他还浑然不觉继续玩耍。到了小学阶段，他们可能因为比较不会察言观色而在社交上频频碰壁，但也可能因为不敏感而可以对别人的眼光免疫。

反应门槛较低的孩子，无论是哪一种感觉，只要一点点刺激就感受得到。他们可能因为衣服的质地较粗，或者班上的墙壁刚刷上新油漆，而整天心神不宁、坐立不安，甚至抱怨频频。如果父母或老师不了解，就会觉得这个孩子在找麻烦。但相对的，食物快坏了他们第一个知道、中耳发炎他们比医师更早发现征兆，当他们日渐成长，对事物的敏锐觉察也可能使得他们在书写作文时拥有比别人更丰富的素材。

4. 反应强度。在医院的婴儿房经常可以观察到，同样是肚子饿了、尿布湿了，有些小宝宝只会轻声啜泣表达抗议，有的孩子则是必定哭到惊天动地。大声哭的不代表他比较饿，而可能只是他天生反应强度高。反应强度适中的孩子就像"小皮球"，拍多少力道，有多少回应；反应强度高的孩子则像"弹力球"，任何一点点力量他都可以弹到天花板。

反应度低的孩子开心时安静地笑、难过时顶多皱皱眉头，不吵不闹的看起来很好带，可是这种孩子需求与情绪感受的表达很微弱，容易被父母或老师忽略。了解孩子的反应强度，找到适合的方式带领他，是非常重要的概念。

反应度高的孩子在表现负面情绪的时候，会哭得很大声、闹得很厉害，令周遭的人十分困扰。可是当这样的孩子开心的时候，他们会咯咯地笑个不停，甚至大声欢呼、手舞足蹈，让人看了就觉得世界真美好。

5. 适应性。婴儿从出生，就开始感受到环境的变化，但是有些孩子适应变化需要的"暖身"时间较长，有些则可以很顺利地跨越任何环境的转换。

对于适应性高的孩子来说，变化对他不构成压力，到了陌生环境也一样自在，升上新的年级，老师同学都不一样，也不成问题。不过，太容易适应新环境，相对的受环境影响的程度也可能较大，"近朱者赤，近墨者黑"对这些孩子特别适用，父母要特别注意环境（包括同伴）的选择与安排。

适应性低的孩子，身体与心理的调适都比较慢，陌生的环境会让他觉得不舒服。因此无论是重新编班、上初中、进高中，甚至开始新的工作，他们的本质还在，适应性和同年龄的人相较仍比较慢，碰到新环境容易紧张。不过只要有适当的引导和教养，适应性仍会随年龄逐渐提升。对于适应性比较弱的孩子，父母要多了解、多陪伴，一旦"暖身"的时间过了之后，他们的表现和适应性高的孩子没有两样。

6. 情绪本质。有些小孩天生容易感受到环境里让他舒服、愉快的事物，碰到事情容易觉得开心，他们总是展露笑容，甜蜜无比，这样的孩子在气质上叫做情绪本质正向。情绪本质负向的孩子天生就容易感受不舒服、不愉快的事物，因此哭泣的时间也会比较多，父母常常不解，为何孩子还这么小就满脸愁容。情绪本质正向的孩子讨人喜欢毋庸置疑，在社交上比较吃香，唯一的麻烦是，他们脸上的笑容有时候会让别人忽略他内心的难过。

情绪本质比较负向的孩子不是不愿意开心，而是天生如此。他们老是看到事情不好的一面，不了解的人会觉得他们麻烦、不容易讨好，干脆离他们远远的，因此他们在社交上也比较吃亏。不过，这样的孩子也是评论界最好的人才，参加辩论更是一把好手，因为"鸡蛋里挑骨头""挑别人的毛病"正是他们的拿手绝活。只要把这样的特质发挥在对的地方，粪土也会变黄金。他们最需要学习的功课，是不要把这样的特质发挥在亲密关系里。

7. 趋避性。是指对于新的事物是主动接近，还是先退避三舍；是倾向于先接受，还是先拒绝。以开始被喂辅食的婴儿为例，比较"趋性"的孩子，任何辅食放到嘴边他都是毫不迟疑地就张开嘴巴；"避性"较强的孩子，只要碰到任何新食物、没尝过的味道，他的第一个动作就是用舌头将汤匙顶出去。孩子大了，这样的特质也还是存在。到一个新地方、试一件新事物，有的孩子总是先点头说"好"，有的孩子永远在还没弄清楚的状况下就先摇头说"不要"。

"避性"较强的孩子，好处是比较谨慎保守，却可能因为过于谨慎而裹足不前。"趋性"较强的孩子同样有好处也有坏处，他们勇于尝试新事物，却也可能因为想要尝鲜而忽略安全，对于危险比较不容易察觉。

8. 坚持度。对比较小的孩子，父母在教养上常用"转移"的技巧，也就是在孩子很想做某件不被允许的事情时，以另外一件事情来吸引他，转移他的注意力。有的孩子很容易被转移，没看到就忘记；有的孩子则永远都记得他想做的那件事，而可以耐心地坚持下去，这就是所谓的"坚持度"。

顺从性高、坚持度低的孩子，小时候可能非常好养，但长大之后也可能在做某些事、在需要坚持的时候，相对的无法坚持。至于坚持度高的孩子，喜欢什么东西就非要到手不可，或者一定要穿什么样的衣服、做什么样的事情，当妈妈把饼干藏起来时，他们翻箱倒柜也要把饼干找出来。这样的孩子可能比较不好养，但只要他们想做的事情是有意义的事，这份坚持可能被称为"毅力"，如果把这份坚持发挥在错误的领域，恐怕会被冠上"冥顽不灵"的封号。是优点还是缺点，就看孩子是否能够随着年龄渐长，逐渐发展出分辨情境以及自我掌握的能力。

9. 注意力分散度。是指孩子有多容易受环境周遭刺激影响而忘了原本作业的程度。有些孩子从小喝奶就是一瓶到底，即使这之间有人进出走动，他也不会注意；有些孩子则一定会停下喝奶的动作，他们习惯眼观四面、耳听八方。不过，注意力分散度高的孩子是否必然会不专注倒也不一定，必须搭配坚持度这项特质来看。

注意力分散度低、坚持度高的孩子，大概就是所谓"非常专心"的小孩，是否有利于成长，得看他把专注放在什么样的事物上。注意力分散度高、坚持度低的孩子，不只容易注意不相干的刺激，而且还常常忘记该回到原来的作业，在学习上容易出现分心的状态,也比较容易遇到困难。

注意力分散度的高低,也是性格的一种。注意力分散度低的孩子,可能对一件事一气就是三天三夜,不容易忘记,"君子报仇,三年不晚",说的多半是这样的人。分散度很高的孩子,可能前一刻还因为你骂他而哭得伤心,下一刻却因为某个新奇的东西出现,而将之前的悲伤忘得一干二净。

从上述九大气质面向的描述中,我们已经约略了解,虽然孩子有好养与难养的差异,他们天生的气质却没有好坏之分。不过,孩子的天生气质除了会影响他自身的行为模式之外,也会引发他人(包含父母)不同的回应。

以我家为例,大女儿从小就比较容易说"Yes"和"OK",小女儿则习惯先说"No""不要""不好"。因此只要我不在,需要帮忙的家务,爸爸几乎都找大女儿做。虽然多说几次自己的需求,小女儿多半也愿意帮忙,不过碰过几次钉子的爸爸总是"趋吉避凶",少碰为妙。

后来走上心理学专业道路的大女儿曾向爸爸抱怨,她发现从小就乖巧的孩子真倒霉,因为大人习惯了他们的顺服,长大后只要稍有意见,父母就会觉得"怎么变得这么有意见";

而小时候那难养的孩子,现在只要稍微变好,大人就会说他"好乖",真是不公平。

大女儿本来就是一个容易顺服的小孩,比较会去注意别人的需求是什么,相对的,别人也会对她有比较多的要求。她如果不自觉,就会变成委曲自己、迎合别人的需求,容易造成"压抑"。因此,我常鼓励大女儿在合理的范围内表达自己的意见,不必过度顺服别人的需要或想法。而在带领气质南辕北辙的小女儿时,我会多留意引导她了解自己,并慢慢学会分辨在什么状况下可以充分做自己,在哪些情景下得练习调整自己、配合别人,克制一下脱口说出"不好、不要"的冲动。

不同的气质会引发别人不同的回应,这也就是为什么即使在同一个家庭,每个孩子性格成长的历程却不尽相同。每个孩子的先天气质各自不同,而每个孩子的不同都应该被了解、接纳,甚至被支持、赞赏。但是每一种天生气质都有它的优势与劣势,如何发挥所长、弥补所短是孩子一生的功课。特别是在社会上和别人相处,一定要发展出自我克制的机制与自我调整的弹性,才能够达到尊重自己也尊重他人的境界。这是人生的智慧、幸福的基础,也是家庭教育与教养最重要的目标之一。

六原则，发展出弹性的性格特质

接下来，就来谈谈如何透过后天的教养，帮助孩子在先天的气质基础上发展出健全的性格。

虽然遗传可能决定了孩子的天生气质，而且气质有相当的稳定度，不易被全盘扭转。但研究发现，随着后天的经验日增，许多孩子也的确表现出行为风格的改变，这些变化显然主要来自父母的教养方式，因此气质或多或少仍可经由环境来调整。至于如何依照孩子的天生气质因材施教，帮助孩子发展出有弹性的性格特质，以下几个原则提供给父母参考：

原则1：了解气质无法改变，但可以调整

研究发现，孩子会以父母对待他们的方式来反应，只要父母的教养方式和孩子的气质匹配，即使某些比较难养的孩子也会学着调节他们的特质，设法让自己表现得好一些。重要的是，父母必须接纳孩子的气质，不要强迫孩子进入父母的设定或满足父母的期待。

这个道理就像是你得到一颗饱满的苹果种子，如果你一

心期待在努力耕耘下，这颗种子能长成结实累累的水梨，不只一定不会成功，也会使原本饱满的种子失去可以长成大树的契机。大家也都知道，每一颗种子的成长都需要园丁的灌溉、适度的修剪，以及去除病虫的危害，如果任由种子自生自灭，再好的种子也可能长得歪七扭八。因此，在有了适切的期待之后，还要学习以最适合的方式来栽种耕耘，种子才能发芽茁壮、日渐成长。

我曾看过非常有智慧的幼儿园及小学的老师，对于班上活动量较高的孩子，他们的方法是注意到孩子已经快坐不住时，叫他起来帮忙擦黑板、发考卷，或帮老师倒杯水等。只要孩子所从事的作业有点变化，让这样的孩子动一动之后再回到座位上，他又可以重新进入安定专注的状况。尤其孩子在这个转换中又能得到老师的肯定与赞赏，往后他就会更愿意表现良好的行为。随着年龄渐长，他们也就愈能够掌握自我克制的机制。

如果不能体认气质没有好坏、也无法产生一百八十度的改变，或者一味地认定只有某种气质才好，那么不符合这个框架与期待的孩子，注定要遭受负面的社会评价。久而久之，自觉不好的孩子也就渐渐地自我放弃，更不可能有想要调整自己的动力了。

无论是父母或老师，接纳天生气质无法改变，但可以调整，是教育与教养非常基本的概念。

原则 2：提高"亲子气质速配"指数

从心理学的角度来看，孩子的气质跟父母速不速配，比孩子的气质如何，对于亲子关系的影响可能更大。父母除了要了解孩子的气质是什么，也要了解自己的气质，否则在教养上就会碰到很多困境。

例如，注意力分散度低的父母碰到分散度高的孩子，当他惹你生气而遭你训诫时，只要一旁有别的有趣事情发生，他很容易就开心起来而忘了你的责备，这时余怒未消的父母就会很生气，认为孩子不把父母的教诲当一回事。但如果父母的注意力分散度高，而孩子的分散度低，父母情绪容易转移，骂完孩子很快就忘记，偏偏孩子的情绪不容易转移，这时候父母又会觉得"我只不过骂你一下，干嘛生这么久的气？"而指责孩子不是了。

每个人都有自己的天生气质,当父母对孩子的某些气质看不顺眼时,要多想想其实气质没有好坏,就看我们是否能够自我调整,试着去当孩子的知心人。有了这个接纳的态度,孩子才能够在自信的基础上发展出成熟的弹性。父母当然也有权利坚守自己的天生气质,但做父母的一定要比孩子成熟,如果自己都无法在性格上做些调整,又怎么去引导或指望孩子具有自我调整的能力呢?

原则3:对你喜欢的气质表示欣赏

孩子的行为让父母困扰时,父母一定会注意到并加以纠正,但当他们的表现合乎父母期待时,父母可能因为不受困扰而忽略了肯定、鼓励、表达欣赏对孩子的重要性。肯定与鼓励是帮助孩子建立信心与价值感的最佳良方,例如"你这个看法很有趣,我从来没想过""看得出来你喜欢运动!只要一到运动场,你整个人就很有精神"。父母要真实地去表示你对孩子气质的欣赏,让孩子看见自己的气质发挥在哪个领域是很棒的。对自己有信心的孩子,通常比较能够接受自己还有不足之处,性格也比较有弹性,相对的也就更能够自我调整。

原则4：避免为孩子的气质贴上负面标签

不好养的孩子，若能从正向看他的特质，父母带起来就会比较轻松。同样是活动量高的孩子，你可以说他精力充沛，也可以说他调皮捣蛋；情绪本质负向的孩子，你可以说他老是找麻烦，也可以说他常有另类的想法。使用正向的标签来描述孩子的天生气质，让大人小孩都好过许多。

我家的小女儿活动量远大于同年龄的小孩，小时候因为没有其他能力配套，总是横冲直撞，让精力不及她一半的先生和我疲于奔命。婆婆见状告诉我："和她爸爸一个样。"追问之下才知道，丈夫小时候也是醒着时候多。婆婆白天还得上班，偏偏孩子无法一觉到天亮，不只一个晚上醒来多次，还精力旺盛地想要妈妈陪着玩耍。

婆婆说当年她在半夜精神恍惚的时候，常以"这孩子未来大概是要去美国念书的"来自我安慰，因为台湾的黑夜正是美国的白天。后来我的丈夫果真去美国攻读博士，想来最感安慰的应该是婆婆了。虽然并不是这么说预言就会成真，但小小孩不会故意和爸妈作对，婆婆学历不高也没念过心理学，但她展现了即使不太了解也要接纳孩子气质的态度，和许多研究得到的结果相符，那份智慧令人折服。

在过去那个年代，很容易给行为比较不符常轨的孩子贴上负向标签，其实是因为不了解。负向标签会影响孩子的自我概念，而自我概念会造成"自我预言"的实现。也就是说，如果一个人一直觉得自己不好，他的表现也就会愈来愈差。能够分辨孩子的气质并避免负向标签，在后天教养上绝对有加分的效果。

原则5：找出因应孩子气质的教养方法

当父母能够了解孩子某些行为并非出自故意或懒惰等，而是因为天生气质之故，就比较不会对孩子产生愤怒、焦虑等情绪，也比较愿意去寻找原因对策，设法突破僵化的教养方式，并且耐心地等待孩子日渐成长。不过，找到原因与对策是教养成功的关键。譬如说，针对作息非常规律的孩子，父母可以使用"需求式"的教养方式，也就是以孩子自我内在的步调来设定生活作息；至于作息不规律的孩子，父母就不要期待太过严谨的作息时间表，而是根据孩子与父母双方的需要，设定比较有弹性的作息。

对于慢吞吞的孩子，父母必须给予较多的时间让孩子适应新的情境，并设法帮助其他对孩子来说也很重要的成人了解孩子的特质，采取比较一致的教养态度。只要给孩子足够的支持和时间，孩子就能安适地以自己的步伐向前迈进。

针对过于敏感的孩子，父母要学习的是接纳他的感受，因为个人主观的感觉是无法改变的，但父母要引导孩子学习如何恰当地表达他们的感受。譬如当孩子吃到长辈做的一道菜，但因为那特殊的口味而露出一脸嫌恶的表情时，父母不需强迫孩子表现喜爱的样子，但可以说："哦！看起来你不习惯这个口味。"让孩子了解如何表达，甚至更进一步指出："你很喜欢上回某长辈做的那一道××菜，是因为那比较甜吗？"在引导孩子表达感受的同时，也示范了对别人的欣赏与肯定。

孩子需要父母了解，不过，孩子的成长是个历程，而不是一天、两天就可以看到改变的。所以，即使教养教对了，仍然要"等待"，因为自我控制的机制，还是要到一定年龄、有了一定的经验，才会成熟。

原则 6：引导孩子自我了解与自我调整

孩子的天生气质各有优势与劣势之处，父母的任务不在于改变孩子，而在于帮助孩子经由自我了解、自我肯定，最终发展出自我调整的弹性机制。在电影《冬之狮》里，饰演皇后的凯瑟琳·赫本说过一句经典名句，她说："人性最可贵之处就在于超越人性。"孔子期许自己能够"从心所欲，不逾矩"，也都同样指向接纳自我与超越自我相辅相成的成熟境地。

每个人因为天生气质不同，使得他未来适合的工作、生命状态也不一样，甚至人生必修的功课也不同，如果孩子不了解自己，就没有办法安身立命。了解自己的天生气质发挥在哪些领域会成为很棒的优点，在什么样的情境里会变成障碍、缺点，尤其是在可能伤害到别人的状况下，必得要学会自我克制和调整。人不需要改变自己的本质，但一定要有改善自己、调整自己的能力。当父母能够接纳、欣赏孩子的气质，孩子就有机会看到自己的长处，而唯有当孩子觉得自己内在是好的，才有能量去发展自我克制的机制，让性格日渐成熟。

性格的后天教养目标，不是把孩子"改变成什么样的人"，而是让孩子发展出自我了解、自我接纳，进而自我克制、自我调整的能力。当孩子拥有自我驾驭的智慧，父母就可以全然地放心放手，让孩子自主独立。

不可或缺的性格特质

若问父母对孩子有什么期待，多数人的答案都会回归到"幸福"这件事情上。但若再问，在孩子的成长过程中，什么样的教养能为孩子带来恒久的快乐和幸福，答案就不那么明确了。世事多变，大家都知道即便帮孩子找个好伴侣、留给孩子万贯家财，也未必能确保孩子的人生从此无风无浪。针对"什么样的人容易获得幸福快乐的人生"所做的研究多半指出，健全的性格是最重要的基石。

所谓的健全性格除了上述所说充分发挥气质的优势、适度调节气质的劣势之外，还有几项重要的性格特质如：自我肯定、独立自主、情绪成熟、尊重他人等，是无论天生气质如何都必须透过后天教养培养出来的。拥有上述特质的人，不管在生涯发展或亲密关系上都能够知己知彼，珍惜自己又尊重别人，生命里的很多课题就能够顺利地跨越过去。

自信是相当重要的人格特质之一，有自信的人不只能够充分发挥自己，相对的也比较懂得欣赏他人。人的性格特质某些部分如前所述，受先天的影响很大，但只要父母能够了解孩子、接纳孩子天生气质的差异，无论是好动不好动、规律不规律、坚持不坚持的孩子，都有机会看到自己的长处，都可以对自己产生自信。

独立自主指的是能够自己做决定，并且愿意为自我决定所产生的结果负责。父母无法陪孩子走一辈子，不要为孩子做他应当、也有能力自己做的事情，鼓励他在自己的能力范围内自主地做选择，肯定他的成功、支持他面对挫败。让孩子学会为自己负责，是父母送给孩子最好的生命礼物。

要帮助孩子发展出尊重他人的特质，关键就在于父母是否能以"温柔而坚定"的态度来教养孩子。温柔代表对孩子的了解与接纳，而当孩子的行为对别人造成困扰，父母就必须对行为规范展现坚定的态度，不可以的就是不可以。透过你的行动，让孩子知道"自在做自己"的合理范围在哪里，和别人相处时又该如何克制自己以尊重他人。

教养是一门学问

小女儿活动量大、规律性低，无论是单杠、爬竿、荡秋千、溜滑梯，样样难不倒她。她甚至还会发明各式各样的玩法，来增加活动的挑战性。我的一贯原则就是，只有她独自一人的情况下，任由她爱怎么溜就怎么溜，甚至还大力赞赏她的创意和体能；但只要有其他孩子同在游乐场，一定严格要求她只能以最传统的方式和其他孩子轮着溜。规律性低未必不好，但在和别人共同生活的时候，不能让自己的不规律侵犯到别人，造成别人的困扰。

性格固然有先天遗传的成分，但是后天的教养仍有影响，先天与后天因素如何交互作用，是性格发展最重要的关键。我们常说"教养是艺术"，就是因为要拿捏这个交互作用的窍门，不只需要知识与方法，更需要对生命感到好奇，以及愿意诚心等待成长的态度。"教育不是万能，不是不能，是无限的可能！"了解孩子的先天气质如何，找对方法因材施教，孩子自然能发展出健全的性格，为幸福人生建立最坚实的基础。

实用篇

每个孩子都有自己独特的气质，面对气质特殊、难带难养的孩子，心急如焚的父母可以怎么做？有哪些原理原则可以遵循？

为何现代父母难为？

"父母难为"是现代父母共同的心声。由于科技发展一日千里、高度物化的价值观甚嚣尘上，致使社会结构产生急剧的变化、人际伦理也面临严重的挑战。在传统与现代交替浪潮中长大的现代父母，无论是内在观念或外在行为，都存在着许多冲突与矛盾。

有人说："当我们还是小子的时候，正好是老子威风的时代；等到我们终于当了老子，却偏偏碰上小子威风的时代。"面对这样的变迁，难怪现代父母要摇头叹息大叹难为了。

这种尴尬的处境仔细探究主要原因有三个：

1. 父母角色的加重

由于近些年文化交流碰撞变多，为人父母者很自然（或者被迫）地接受了西方心理学关于儿童发展的观点。认为童年经验对孩子的人格影响深远，父母除了满足孩子的基本需求如吃饱穿暖外，孩子的教育、心灵的成长等也需面面俱到。

再加上媒体推波助澜，"不要让孩子输在起跑点上""孩子，我要你比别人强"等广告词深深烙印在父母的心里，使得为人父母者无不卯足力气侍候孩子。曾经在一个才艺班，听到一群妈妈的对话，言谈间透露出"孩子上愈多才艺班意味着父母愈尽责"的观点，因此即使满脸倦容也要赶场接送。在这样的氛围下，也难怪现代父母会觉得任重而道远。

2. 亲子冲突增多

回顾我们的童年，无论父母讲得有理没理，孩子多半不敢回嘴。反观现在，父母被孩子质问："为什么都要听你的？"而气得七窍生烟，不知如何应对的情况比比皆是。

由于信息发达，孩子在思考能力未臻成熟时，主观意识就已经受到媒体的滋养而茁壮。孩子也许很懂得争取权利，却未必会把该尽的义务放在心上；要求拥有自由，却未必能承担责任及后果。主观意识高涨，思考判断能力不彰，亲子之间的冲突自然增多。

此外，由于社会变迁，造成物欲横流、价值观混淆，愈来愈多的商业营销锁定没有经济能力，却容易认同流行文化的儿童与青少年。父母为了孩子的身心健康，势必要和媒体及商业广告抢攻孩子的心灵，陷入一场胜算不大的苦战，即使勉强扳回一局，也已耗尽精神与心力。

求新求变带来压力、求快求好造成紧张，而人际疏离更导致心灵空虚，这种种因素对现代的亲子关系而言，无异于雪上加霜。

3. 教养观点纷纭

现在在教养观念上多半倾向民主，然而制度的施行不必然带来观念的内化。许多父母看到现在年轻的一代过于自我中心、不懂得尊重别人，往往转而质疑民主教养的适切性。

此时，烙印在心灵深处的威权便逐渐死灰复燃，于是在民主与威权之间摆荡，逐渐孕育出"恩威并施"的原则。然而，父母对于何时该"恩"、何时该"威"未必说得清楚，最常见的则是"情绪好时民主一点，情绪不佳时威权一些"。

传统的教养方式愈来愈不管用，民主思潮则是无法抵挡的时代趋势。然而，真正的民主并非"只要我喜欢，有什么不可以"，而是在一个人思考判断能力范围内赋予选择的自由，并让他承担随之产生的责任。

做父母的必须能在尊重的前提下，依照孩子的年龄及个别差异，在一定的范围内让孩子自主，并给予适当的规范。但是，自主与规范的界限在哪里，正是最难拿捏之处。有人说："教养孩子是一门艺术。"这种难以言传的特质，使得父母在教养这个课题上意见纷纭、莫衷一是。

所幸危机就是转机，许多父母为了突破上述困境，积极阅读相关书籍、听演讲、参加成长团体或读书会。虽然辛苦，却也因此大幅改善亲子关系，赢得真正的亲密。为了帮助孩子健康成长、为了让自己享受亲职角色，更为了充分享受天伦之乐，父母这门学问值得用心钻研！

2
什么才是适当的管教？

人类社会在这几十年面临了前所未有的剧烈变迁，然而，"爱"与"管教"仍然是教养子女不变的真理。除了少数特殊例子以外，"爱孩子"几乎是为人父母天经地义的本能，然而爱也是一件说来容易做来难的事。

庄子写过一篇寓言《鲁侯养鸟》，描述鲁侯以金笼子把海鸟供养在太庙里，每天提供各种山珍海味让它品尝，还叫乐师为它演奏。没想到海鸟受到这些排场的惊吓，三天后就死了。鲁侯不了解海鸟的习性，以自认为最好的方式对待海鸟，没想到却因此害死了它。

了解，是爱最重要的基础

"了解"是爱最重要的基础。因为了解，孩子的潜能可以得到充足的支持与资源；因为了解，孩子的特质可以得到充分的接纳与尊重；因为了解，孩子的自我价值感会提升，并因而对生命与成长充满动力与希望。

举个例子说明，有些孩子规律性高，只要父母稍加引导，就能建立良好的生活常规，做事井然有序；有些孩子规律性低，房间常常一团混乱，使用过的东西总是忘了归位，即使一再叮咛，也无法立竿见影。不了解孩子的父母常把这样的孩子叫作"难养儿"或"磨娘精"，不是严厉地压抑孩子的本性，就是因为苦无方法而放弃教养，最后弄得两败俱伤。

依据心理学的研究，这是因为孩子天生气质不同。规律性低的孩子虽然会在生活常规上带给周遭的人困扰，但他们多半也比较具有创意，常常有别出心裁的想法与做法，只要发挥在适当的领域，这个特质就会变成优点。

了解孩子可以降低亲子冲突、润滑亲子关系，但只有了解不足以帮助孩子发挥潜在能力、发展健全性格。尤其在这个价值混乱、充满诱惑的时代，孩子需要持续、积极地教导，以建立有益的生命态度和良好的生活习惯。

在了解的基础上用心管教

《封神榜》中的哪吒因为自幼受到父母溺爱，养成任性骄纵的性格，做事但凭喜好，从不考虑后果。后来遭遇挫折，甚至死而复生，又遇到贵人相助，才下定决心痛改前非，重新做人。现代父母因为孩子生得少，自己又忙碌，常常疏于管教。有些孩子就像哪吒一样，做事率性而为，信奉"只要我喜欢，有什么不可以"的自我中心主义，不只无法对自己负责，更为家庭、社会带来困扰。

其实每个孩子都有他独特的人生功课，父母必须在了解孩子的基础上用心管教，才能培养孩子成为健全成熟的人。了解孩子的天生气质，父母比较不会为了一些生活细节生气。但这并不代表孩子的行为不需管教，这样的孩子需要比较宽广且富有弹性的行为准则，但当他的行为对他人构成困扰时，父母就必须严加管教，而且坚定地去执行规范。

规律的孩子很容易就学会将玩具归位，不规律的孩子只要能把东西全部收进一个箱子、柜子就已经不错了。但对于和他人共享的物品，就必须坚持让他放回原处；会影响他人行进的地方，就必须要求他收拾干净。

　　爱，让孩子学会珍惜自己；管教，则让孩子学会尊重他人。在爱与管教适当平衡下长大的孩子，将成为一个能珍惜自己、尊重他人的孩子，也能够成为潜能充分发挥、性格成熟健全的成人，而这不就是高 EQ 最极致的表现，也是为人父母最深刻的期盼吗？

做个"足够好的父母"

每年一到"母亲节",空气里就充满着感恩的气息,各式各样关于母爱或母职的讨论纷纷出笼。其中始终引人注目的,是台湾儿童福利联盟文教基金会自2000年以来,年年进行的"妈妈辛苦指数调查"的结果。

现代父母辛苦指数大幅攀升

根据2007年公布的"妈妈辛苦指数调查"结果发现,台湾地区超过七成的妈妈辛苦指数高达72分,56%的妈妈已达到"过量级",14%的妈妈甚至"严重超载"。这份调查也发现,现代妈妈的烦恼来源主要仍然来自母职角色,有四分之一的妈妈不认同自己的表现,认为自己做得不够好,算不上称职的好妈妈;更有高达76%的妈妈表示,最大的心愿是"多一点时间陪伴孩子、听孩子说心事"。

　　此外，该联盟分析了2000~2007年家务分工的状况，发现台湾地区，妈妈仍旧是孩子的主要照顾者，而且角色更为吃重。相较之下，爸爸们仍未在任何一项子女照顾工作上担任主要角色，反而稍微退步，平均只占7%，比率较以往下降。建议爸爸多分担照顾子女的工作，不仅可减轻妈妈的压力，也有助于提升亲子关系。有趣的是，无独有偶的，2007年4月号的《时代》(TIME)杂志以一位亚洲的年轻父亲作为封面照片。这位父亲一手提着公文包、一手抱着襁褓中的孩子，匆忙走在一面大时钟上，照片旁边以粗黑体字标示着："筋疲力尽的爸爸"，探讨的主题是亚洲男性面对比过去更多、更重的角色责任，在工作与家庭之间蜡烛两头烧的困境。

　　这些报导让我想起英国的心理分析大师温尼科特（D.W. Winnicott）提出"足够好的母亲"这一概念，也许有助于我们突破现代父母所面临的压力与困境。

足够好的父母

为人父母从来不是一件容易的事情,特别是在这个高压力、高焦虑的时代,多数父母都觉得自己做得不够好,并为无法胜任为人父母的角色而深感自责与愧疚。温尼科特根据他的临床经验指出,不完美的父母并不会对孩子造成任何伤害,只要能符合下列三大原则,就是足够好的父母。

原则1:对自己坦承。也就是不以孩子作为满足自己需求的工具。譬如有些父母因为自身的疲惫,往往希望孩子能够睡午觉或晚上早早入睡。如果父母无法厘清是自己的需求还是孩子的需求,就很容易出现父母坚持要孩子早睡是为孩子好,然而子女不但不领情,反而感到困惑与生气。唯有明确地告诉孩子自己非常疲惫需要休息,并确实要求孩子配合、不吵闹,才能够兼顾孩子的感受与培养孩子尊重他人的态度,顺利解决问题。

原则2:恰当表达愤怒情绪。教养子女的过程沉闷无趣难免,精疲力竭更是家常便饭,一位"足够好的父母"能够及时觉察并以恰当的方式处理自己的负面情绪。譬如在烦躁与愤怒的情绪来袭时,能够找人接手,或者暂时离开、冷静下来,以免自己对孩子大动肝火,造成不必要的强烈冲突。当孩子对父母有负面情绪时,父母也能够了解这个情绪的必然性,体认这是情绪教育的最佳时机,适当地接纳与引导,帮助孩子迈向成熟。

原则 3:充分表达爱意。这也是亲子关系的最佳触媒。心理学家针对"什么样的方式能够教养出负责成熟的孩子"这个课题,做过相当多的研究。结果发现在合理的范围内,不管是管得紧一些还是松一些,只要孩子能感受到父母亲的爱,最后都会有不错的结果。特别是透过肢体的接触和语言的肯定,让孩子感受到自己是被爱的,对于长大之后的成就动机与人际关系都有相当大的正面影响。

除了上述三项最重要的原则之外,温尼科特还提出另外三项原则:独立自主,不以孩子的表现来界定自己的价值;重视沟通,不让孩子因为与父母不同而背负违逆父母的罪恶感;承认人的不完美,宽恕自己及孩子所犯的错误。这三项原则一样值得我们深思。

适度的放松,让我们更能发挥高 EQ 的效能。在这个事事讲究绩效、时时追求完美的时代，学习以"足够好的父母"取代"完美的父母"，不失为一帖清凉的药方！

心理学小词典

足够好的父母

心理学家唐纳德·温尼科特认为，不完美的父母并不会对孩子造成任何伤害，只要能符合六大原则，就是足够好的父母。

◎ 对自己坦承

◎ 恰当表达愤怒情绪

◎ 充分表达爱意

◎ 不以孩子的表现来界定自己的价值

◎ 不让孩子因为与父母不同而背负违逆父母的罪恶感

◎ 承认人的不完美，宽恕自己及孩子所犯的错误

4 如何让孩子"听话"？

每当天气忽寒忽暖，早晚温差极大时，不少家庭每天都会上演这一幕：

孩子身着薄衫匆匆出门，父母随后追到，扬起手上的外套大声喊叫："天气那么冷，加一件外套再出门吧！"此时，孩子若恭敬从命地接下外套，这场戏就此落幕。如果孩子回说："我又不冷！"或者充耳不闻、快速闪人，紧接着的就是父母高八度的爱心喊话："天气那么冷，只穿这样会感冒啊！"要不就是气呼呼的责备声："翅膀长硬，爸妈说的话都不听了！"

在几次和青少年相处的聚会里问他们："最不喜欢父母的哪一种管教方式？"名列榜首的总是"唠叨"。再问："你认为爸妈为什么会唠叨？"有些孩子会说："他们就是嘴巴痒、爱啰唆。"亲子之间常常是以一言九"顶"的局面收场，父母说一句，孩子顶九句。这些孩子坚持自己的感受，即使弄得两败俱伤，也要为自己的想法大声辩解。

　　不过，更多的孩子在经历青春期前期的亲子冲撞与磨合之后，会逐渐了解"那是父母表达关心的方式"。只是，即使能够体认父母的用心，孩子们仍一致表示，唠叨让人觉得很烦、很讨厌，甚至发展出应付的对策。孩子常用的招式有：虚应故事，嘴巴说"我知道，我知道"，甚至还会给你一个甜蜜的微笑，但行动上完全不配合；阳奉阴违，表面上遵从，一离开父母的势力范围，就把父母的指令与训诫抛诸脑后；走为上策，假装去读书或帮忙做家事等，转移父母的焦点，避开唠叨的情境。有趣的是，孩子这些伎俩父母其实也心知肚明。

四原则，不唠叨驯服术

　　事实上，每位父母都曾经是讨厌父母唠叨的孩子，也没有哪位父母自愿当个唠叨的父母，只是积习难改，话一出口就难以收拾。

　　想要改变唠叨的习惯，可以从下面几个方向去努力。

原则 1：厘清内在的感受需求。襁褓时期的孩子需要父母无微不至的照顾，虽然辛苦，但能够成为另一个生命全然的依靠，也是父母成就感与满足感的重要来源之一。随着孩子日渐长大，对自己的需求降低，许多父母内心失落难免体认到自己对孩子的影响力逐渐式微，于是，"唠叨"就成了力图拉住关系、维持颜面的一种掩饰。如果能觉察到自己的感受需求，就能够自在地表达对孩子的关爱，如："天冷了，多注意保暖喔！"但尊重孩子独立的判断与行动，也就是让孩子自己决定要穿什么、穿多少。如此一来，不仅维系了彼此的亲情，也提升了孩子的自主性。

原则 2：逐步调整改善习惯。"人是习惯的动物"，多年累积的照顾习惯一时调整不来，即使想改变也没办法马上做到。父母可以坦白地告诉孩子，愿意给他独立自主的空间，但自己有时难免会忘记，甚至请孩子提醒自己。如此一来，孩子不只能体会尊重父母的感受，同时也在学习如何坦承面对自己以及适当的人际表达。

原则 3：学习有效的管教方式。孩子在未成年之前，仍然有一些行为需要父母的引导与规范，遵循以下几个要点可以避免唠叨：

- 不要"隔空喊话"，重要的话务必当面清楚地说一次或请孩子重述。
- 善用客观的事实信息而非主观的个人想法来陈述规范，并以简短的话语代替冗长的说明。
- 以"自然合理的行为后果"帮助孩子体认规范的重要性，并坚定地执行后果。

原则 4：避开伤害性的唠叨。能体认父母用心的孩子，面对父母的唠叨一开始多半会选择忍耐，但如果父母乘胜追击，孩子可能就会采取防卫性的反击。有人说"为人父母是一种生命的修练"，面对管教上的难题，能够放下身段反求诸己，不仅是高 EQ 的表现，也是建立亲子间真实亲密关系最踏实的途径。

青少年最受不了的四大唠叨

1. 没重点，不重要的事一提再提。
2. 翻旧账，过了很久还有事没事就拿出来说。
3. 否定孩子，因孩子表达了不同的感受和想法而更唠叨。
4. 引发罪恶感，对孩子说"你翅膀硬了，不要爸妈了"之类的话。

5 三法则，听到孩子的内心话

《讲义》杂志为了解小朋友的感受，自2001年起开始进行"小朋友幸福大调查"。

2008年的调查结果显示：儿童感到幸福的最主要原因是"温暖的家、父母关心"；最能为小朋友带来幸福的人，前三名全为家人所包办，分别是"父母""兄弟姐妹""母亲"，其次才是"朋友""同学"；而小朋友对父母最大的期待则是"倾听我的心声"。

虽然时代变迁速度加剧，家庭的功能似乎日渐式微，但在孩子单纯的眼光里，"家"，尤其是以父母为主体的家庭生活，仍是他们最期待的避风港。而且只要父母具有倾听的能力，即使没有名厦豪宅、无法锦衣玉食，仍然可以成为孩子幸福的泉源。

的确，"倾听"是亲子沟通最核心也最重要的技巧。父母的倾听能够帮助孩子厘清自己的困扰与烦恼、觉察自己的感受和想法、抒发对未来的抱负与理想。在任谁都能侃侃而谈的气氛下，沟通自然畅行无阻，亲密感也会油然而生。这样的家庭无论碰到什么样的挫折与冲突，都有勇气去面对，也有能力去解决。

但倾听说来容易做来难。良好有效的倾听是一个需要全心投入的积极互动过程，不只要掌握孩子已经说的，还要能接收到孩子没有清楚说出来的，以及背后所要表达的感受和想法。爸爸妈妈可以试着录一段和孩子的对谈，再依照下列法则检视看看，为自己的倾听能力打分数。

法则 1 专注：你在听孩子说话吗？

专注指的是：运用眼神、自然的手势、姿态、话语如"你似乎很想谈……""我对你的看法很感兴趣……"等，让对方知道"我正注意着你要说什么"。

如果孩子常抱怨："每次我讲话你都不听……"父母却不自知，很可能是你的表情、行为，透露了敷衍了事的讯息，让孩子觉得你并没有在注意他。此时,千万不要急着为自己辩解,而是从孩子的反馈中修正自己。如果孩子说:"我只要讲一句,你就会接着讲十句……"表示父母习惯说教重于倾听。当孩子表达:"每次我说东,你就会说西……"则通常意味着父母所关注的主题和孩子所要表达的有落差。

指正、劝诫、教导是父母责无旁贷的任务,却是倾听最大的绊脚石。孩子的回应可以帮助父母学习区分这两种角色,在不同的时机灵活运用。

法则 2 改写:你了解孩子在说什么吗?

改写指的是:以简单自然的话语,把对方话中的意思重述一次。虽然语言是沟通的利器,但要能够在每一个当下都充分了解自己内在真正的感受与想法,并运用语言精准地传达出来,却需要漫长的学习历程。改写正是这个历程的最佳触媒。

改写通常以:"你的意思是不是……""听起来你好像……"的形式出现。譬如孩子说"他们都不和我玩",急着帮孩子解决问题的父母可能会说:"那你就去找别人玩嘛!"能够倾听的父母则会说："你似乎很纳闷为什么他们不和你玩。"经由这样的倾听过程，孩子将充分感受到父母的了解与接纳。

法则 3 反映：你能体会孩子的感受吗？

反映指的是：从观察对方的姿势、表情、语气、眼神等，理解对方当下的感受，并反馈给对方，协助对方觉察自己真正的感受。情绪觉察是 EQ 最基础的内涵，反映则是提升孩子自我觉察能力的不二法门。当孩子说："今天的功课好多啊！"害怕孩子因此讨厌做功课的父母可能会急着说："才四样而已，只要你专心，很快就可以做完了！"懂得反映的父母则会说："你好像很烦！"对多数孩子而言，除非已经自我放弃或故意反抗，只要情绪得到抒解与支持，他们就会遵守该有的规范。

每个人都渴望拥有幸福，每位父母也都期许自己能为孩子建造一个幸福的家庭。而正如比利时象征主义诗人及剧作家莫里斯·梅特林克的代表作《青鸟》所阐述的，其实幸福并不难寻，只要愿意倾听，幸福近在咫尺。

有效倾听的三大原则

爸爸妈妈可以练习的三法则：

法则1 专注：

如果孩子说："每次我讲话你都不听……"

你可以这么说："爸爸或妈妈哪些行为让你觉得没有在听呢？"并从孩子的回馈中修正自己。

如果孩子说："我只要讲一句，你就会接着讲十句……"或者"每次我说东，你就会说西……"

你可以这么说："嗯，我关心的事情好像跟你不太一样。"并调整自己，关注孩子想说的话题。

法则2 改写：

如果孩子说："他们都不和我玩。"

你可以这么说："你似乎很纳闷为什么他们不和你玩。"

千万别说:"那你就去找别人玩嘛!"

法则 3 反映:

如果孩子说:"今天的功课好多啊!"

你可以这么说:"你好像很烦!"

千万别说:"才四样而已,只要你专心,很快就可以做完了!"

6
掌握优质亲子沟通的四方向

炎炎夏日原本就容易令人心烦气躁，再加上孩子放暑假亲子相处的时间多，无论是因为生活作息的安排、休闲活动的规划，或者电视电玩使用的限制，七八月一向是亲子冲突、手足相争的高峰期。

事实上，如果做父母的能够体认到，优质的沟通往往可以让家庭冲突、争执等危机转化为增进家人之间的相互了解、提升彼此亲密感的转机，漫长的暑假就可以成为修炼这门功课的最佳机会。

要建立优质的亲子沟通，父母可以从下列几个方向着手：

一、充实相关知识

"了解"是爱最重要的基础与内涵，这里的知识指的是对自己以及孩子的了解。譬如说，我们看到这一代的孩子在物质享受上比我们童年时充裕许多，暑假期间不仅可以学才艺、参加夏令营，还能够到外地旅游，因此会认为他们比我们好命。但多数父母很难想象，孩子在享受丰富的现代生活的同时，也必须承受做决定、过度负荷所带来的压力。此外，对自己的了解与觉察，则能帮助父母厘清内在的感受与想法，不会为了追随潮流，或因为内心的焦虑，而把孩子的假期填满，或给一堆做不完的功课。

二、学习沟通的技巧

建立优质的亲子沟通是有方法的：

1. 鼓励接纳。具体的鼓励而非泛泛的赞美，能够让孩子珍视自己内在的能力以及愿意合作奉献的精神；全然的接纳，则帮助孩子建立了自尊与自信。

2. 聆听。这是所有沟通理论必然会提到的重要技巧。认真的聆听传递了想要了解对方与愿意接纳对方的讯息，让孩子能够坦然表达他们的感受和想法，从中厘清自己的需求、困扰等,也使得孩子在情绪比较平稳后,愿意接受父母提供的适切的引导。

3."我讯息"的表达。这是另一个沟通技巧。重点在于教导父母如何表达自己的感受和想法,让孩子在考量父母的需求下,愿意调整自己的不当行为。父母是维持家庭功能与运作的主要人物,因此对于暑期的种种安排,孩子的确必须在某种程度上配合父母的需求。但如果父母传递的讯息不够清晰,或以批评责骂传递贬损之意,孩子就会出现"口服心不服"的现象,争执不断也就会成为暑假的主旋律了。

三、把握顿悟的机会

我认识一位极其疼爱儿子的母亲,因特别爱整洁,每当儿子不小心打翻或弄破东西时,便忍不住破口大骂,长期下来儿子对母亲不免心生畏惧。有一天,母亲洗碗时不小心打破碗,儿子闷不吭声地站在一旁看着母亲处理善后。等母亲收拾好之后,这位五岁的小男孩开口说:"妈妈,你有没有发现,你打破碗我都不会骂你。"母亲当下顿悟到"孩子对父母比起父母对孩子要宽容许多"，以及"人非圣贤，孰能无过"的道理。此后，母亲仍然会教导孩子小心行事，但对于孩子的无心之过就能够理解与体谅，不再轻易动怒。

四、落实"知行合一"

暑假的频繁相处给我们更多反省的机会，如果能放下身段、抛开面子把握机会改善自己，孩子将引导我们看到自己的盲点，开拓生命的空间。

在新的世纪里，人类拥有更丰富的知识与更先进的科技，传媒、计算机、网络取代了父母知识传递的角色，许多父母忧心自己不再能扮演孩子人生领航者的角色。但截至目前为止，还没有任何机器可以在人文的思考、智慧的启发以及情感的滋润等更为深刻的生命教育课题上，扮演与父母同等重要的角色。优质的亲子沟通固然有方法可循，更重要的是父母愿意落实"知行合一"，优质的关系才能够成为亲子共同的愿景。

7
如何引导好动儿？

有一位三年级的小男孩，非常活泼好动，凡是需要长时间专注的课程，他都显得浮动不安、难以集中注意力。但是这个孩子非常有美术天分，只要是动手操作的美劳，他都能安静地从事手边的工作。七八月正值荷花盛开，兴趣班老师安排了户外教学，以赏荷作为"水生植物"课题的学习活动。

可以想见的，无论是导览人员的解说、小组讨论，或荷花池畔的观察，只要时间稍长，这位小男孩就会开始游走。于是，老师请他帮忙将池里各种状态的荷花都画下来，作为后续课程所需要的教具：有的含苞待放，有的已全然绽开，有的花朵凋零露出青绿色的莲蓬，有些则已完全成熟，在咖啡色的莲蓬中看得到一颗颗的莲子。

小男孩受到老师的托付后，果真安静地坐在池畔，描绘起荷花的各种姿态。户外教学结束后，老师又请他将这些图画制成卡片,并按照荷花的生长周期制作成一套图卡,放在教室供其他同学参考。在老师的慧心安排下,孩子也吸收了有关荷花生长周期的知识。

好动是孩子的本质

活泼好动似乎是每个孩子的天性,因为他们对外界的一切事物,充满好奇与探索的欲望。

有一句台湾地区方言俗谚说"囝仔人屁股会生虫",虽然不甚文雅,倒也颇能贴切形容孩子好动的特质。不过,好动虽属正常,有些孩子的活动量却显然高于同龄孩子,如果再伴随着注意力不集中、容易冲动等特质,就很容易为父母、师长、同伴,甚至自己带来困扰。

近几十年来,由于医学上的研究渐多,"过动儿"成为广为人知的名词,并为头痛不已的家长及老师带来一丝希望,期盼透过治疗降低孩子所带来的困扰。然而有些孩子虽然经过评估被判定不是过动儿,但其行为依然持续在日常生活中造成困扰。

对于这样的孩子，或许我们可以从另一个观点来解析。心理学家认为孩子一生下来就拥有属于自己的特质，对于人、事、物都有他特定的反应方式，后天的教养与教育虽然可以调节外在表现的方式与自我掌握的程度，其本质却不会改变。

心理学家将这种天生的差异归纳为九个项目，活动量也是其中之一。小宝宝在母亲子宫内的活动量就有明显的不同，有些宝宝在妈妈的肚子里就像个足球选手般踢来踢去，有些则优雅如在水中漫游，相信这是很多母亲都感受得到的事实。前者从呱呱坠地之后就不需要太多睡眠，换尿片时动来动去，可能还走不稳就急着要用跑的；稍长，则可能成为跑跑跳跳、爬上爬下、不停说话的孩子。

面对好动儿，家长及老师可能会穷于应付、筋疲力尽，尤其是家长有时还得背负他人的指责，落得教养无能的狼狈模样。如果不了解这种天生气质而严厉压抑，孩子很容易变得畏畏缩缩、没有自信；但如果过度纵容未能有效管教，又容易造成孩子无所节制，性格更为极端。

著名的心理学家荣格认为，人天生就会受遗传和童年经验影响而造成特殊喜好，人格的健全发展是基于对这些喜好的培育，而不是去改变它们。虽然和精力充沛的孩子相处，的确需要超人的耐心与体力，但当我们能用积极、正向的态度来看待这些特质，同时施以适当的管教时，这些特质在日后可能成为孩子成功的要素。

如同文章一开始所描述的故事，期待更多的家长与老师能够了解、尊重孩子的本性，以爱心和智慧带领孩子走过成长的历程。

教养好动儿的三大要诀

1. **了解并尊重孩子的天生特质**：了解孩子好动并不是故意和大人作对,而是与生俱来的特质,就比较不会陷入"唯有……才是好孩子"的思考模式,能够以适合孩子的期望来滋润孩子的成长。

2. **以正向的态度与信心看孩子**：以"精力充沛"取代"调皮好动",帮助孩子建立自信与自尊。一个喜欢自己的孩子,行为自有分寸;正面形象的话语让孩子有动力去改变不适当的行为。

3. **安排有利于孩子发展的成长环境**："因材施教"是教养与教育的真理,学习以适合好动儿的教养与教育方法来带领他们,孩子自然能慢慢修正自己,学习调节自己的特质,并逐步发展为成熟、富有弹性,仍能保有自我风格的人。

温柔地等待

小女儿初中三年级时,为了要参加作文比赛,每隔几天就交一篇暖身习作给语文老师修改。有一天放学时,她兴奋地告诉我:"今天老师给的题目叫作'第一次'。你猜得到我写的是什么吗?"接着又神秘兮兮地说:"我写的是'第一次说对不起'的经验,而且和你有关呢!"

由于自尊心极强的小女儿向来不轻易道歉,因此我比较在意的是她是否知错能改,只要在行动上确实做了调整,我并不要求她非得道歉不可,一时间还真想不起来她的"第一次说对不起"是发生在什么时候。一直到她朗声诵读作品时,年久失修的记忆才又点点滴滴地鲜明起来。

家里两位宝贝,虽然容貌有点相似,性格却是大相径庭。大女儿顺服性高、情绪本质比较正向,日常生活中开心的时候居多,"好啊!"就像是她的口头禅。小女儿自我主张强、情绪本质比较负向，常常提起不开心的事，只要未经思考，冲口而出的多半是"不要！"不过，她独特的想法、不按常理出牌的个性，倒也常为家里带来新奇的趣味。

"第一次说对不起"的生命体验

幼儿园中班时有一阵子，她每天回到家里第一句话总是问："今天晚上吃什么？"如果我的答案是："吃饭。"她的直觉反应多半是："我最讨厌吃饭了，你为什么都不煮面？"答案是"吃面"时，她又会嚷着说："我不喜欢吃面，你为什么不煮饭？"要不是大学时期学了儿童心理学，深谙这是她的情绪特质而非故意作对，恐怕早就气得七窍生烟了。

我通常的反应是："哦，你今天不想吃饭（或面）"。接着告诉她我很乐意煮她爱吃的食物，不过对于忙碌的我而言，只要没有提早几天预订，我无法保证天天都符合她的心意，然后让她自行选择吃或不吃。因为接纳了她的感受，也没有责备的意味，孩子好像也就没有反抗的必要，最后多半是吃饭了事，餐桌上也没人提这回事。

然而，尽管处理过程堪称顺利，这戏码却延续了颇长一段时间，日日伴着暮色上演。一直到有一天，因为她说到想吃馒头已有一阵子，因此一放学我就带她出去买馒头。没想到拿着馒头迫不及待吃将起来的她，明明美味写在脸上，竟然脱口就说："这馒头真难吃！"

还好我练过身心放松术，当下大口呼吸了几次后，勉强维持神闲气定的语气对她说："太遗憾了，你今天刚好不想吃馒头。妈妈是因为前几天听你说想吃，才特别带你来买的，而且晚餐的菜都是要来配馒头的。""你可以选择吃或不吃"这句话还没说出口，小女儿突然一副若有所悟的样子，对着我说："对不起，我只是跟你开玩笑的啦！"

这就是小女儿所记录下来"第一次说对不起"的生命经验。而非常有趣的是，自从馒头事件之后，这出剧目突然就圆满落幕，不再上演。虽然那一身"反骨"偶尔还是会以其他形式现身，但孩子似乎逐渐变得更容易觉察自己的特质，更不介意说抱歉，也更能够关照别人的感受。

让孩子依照自己的步调成长

接纳孩子独特的感受与行为模式，但温和地坚守着该有的规范，是管教孩子的基本原则。一句"哦，你今天不想吃饭（或面）"。展现了对孩子感受的了解与接纳，也帮助孩子体认生活中难免有不能尽如人意的事会发生。能够自在地说说想法、抒发感受，不舒服的情绪也就云淡风清了。

从事亲职教育这一路，遇见过不少心急如焚的父母，面对气质特殊、难带难养的孩子，总希望能从专家身上得到一劳永逸的药方。然而，孩子终究是孩子，即使对待的方式正确了，也未必能够立竿见影。除了抱持着探索与发现的心情去了解孩子，并顺着孩子的特质找到因材施教的教养方法之外，更需要一份用心而不期待的笃定。只要愿意温柔地等待，让每个孩子依照他独特的步调前行，陪伴孩子成长将成为一段充满惊喜的旅程。

9 帮助孩子练习选择

某年因经济不景气,政府决定在过年期间发放消费券,自此走到哪里都可以看到商家挂出布条,大大地写着各式各样的优惠促销方案。网络更是热闹不落人后,除了充斥着优惠消息之外,还有人汇整资料,提供"如何让消费券加倍长大"的方法。这个话题不只在街头蔓延,也在许多家庭里引发了不太一样的反应。有些孩子早早就对父母宣告:"消费券是政府要给我的!"每天注意着通知单是否已寄到,生怕被父母私下挪为家用;有些孩子则认为"父母养家辛苦",消费券全数交给父母补贴过年的花费,自己一毛钱也不要;自己保留部分,其他缴交"公库"的孩子也不在少数。

至于父母的部分,有些人理所当然地认为孩子尚未成年,这笔钱自然应该由父母决定怎么运用;也有人因为不缺小钱,想也不想地就把钱全额给了孩子;会利用这个机会和孩子讨论如何处理这笔意外之财，甚至引导孩子部分捐作公益的父母也大有人在。其实，消费券三千六百元台币说多不多，如何处理似乎没什么大不了。然而，无论贫富，孩子的态度、父母的处理，反映的是一个家庭对金钱的价值观。面对种种可能性，如何做选择还真是一项智慧的考验。

选择多，好吗？

由于时代变迁，做选择已经成为生活里的家常便饭，大到"要和谁结婚"，小至"每天晚餐吃什么"，都有许多选择的可能性，更别提形形色色的文具与林林总总的冰淇淋口味了。一般人总以为愈多的选择必然带来愈好的结果，也会带给人愈多的快乐，但事实上，过多的选择带给人们的却是弊多于利、禁锢多于快乐。

研究发现，面对多样的选择人们会感受到压力，再加上"坐这山望那山高"的人性基础，无论最后的决定如何，其快乐的程度都将减低，因为太多的选择反而会让人们一直为错失的机会抱憾，心理学家把这种现象称为"选择的矛盾"。

我记得自己小时候，因为选择不多，购买文具是一件极其简单的事情。当年的铅笔几乎就只有一种模样，顶多是上头附有一个小橡皮擦与否的差别而已。有钱时买有橡皮擦的、没钱时买没橡皮擦的，进文具店三分钟内就可以解决这个选择的问题。

现代的孩子则几乎都曾经历，面对花样百出的文具架举棋不定，买了这个又羡慕同学有那个的情境。有些孩子随着年龄增长逐渐发展出智慧选择的原则，在大事上他们审慎评估各种可能性，三思而后行；碰到不重要的琐事，他们依循几个很简单的原则做选择，一旦决定了就不再反复思索。但也有些孩子始终没有建立自己的决策准则，常常因为"想太多"而无法决定，或者老是陷入"选了这个之后又懊恼没选那个"的困境，徒然浪费许多时间与精神。

培养孩子智慧选择的能力

要培养孩子智慧选择的能力，父母可以这么做：

1. 澄清价值，厘清事情的轻重。针对生活中经常出现的选择课题，协助孩子进行价值澄清，以区分哪些是后果影响深远的重要大事，哪些是不管做什么选择，结果都不至于有太大影响的琐碎小事。

譬如问孩子："喝橘子汽水和葡萄汽水差别有多大？""鞋柜里多一双漂亮的球鞋和有人因为你的捐助而可以渡过生活上的难关，差别有多大？"并进一步和孩子讨论，当差别大到什么程度时，就必须审慎决定。

2. 简化琐碎小事的决策原则。针对影响不大的小事，想出几个简单决策的方法，例如掷骰子、丢铜板，或者让别人决定等。这样的做法甚至有助于孩子打破固定的行为模式，让孩子有机会尝试新的选择和经验，但要用铜板或骰子决定时，必须确认每一个选项都是自己喜欢的。

3. 建立重大事情的决策步骤。面对影响深远的大事，就要花时间和孩子讨论，引导孩子思考各种可能性及其后果。一旦确定合理范围内的几种可行方案之后，一定要放手鼓励孩子自行做决定，并让孩子实际去承担后果。孩子自然能从成功的经验与错误的尝试中，提炼出智慧选择的原则。

选择的自由能否带给人们快乐，关键在于个人是否具有选择的智慧。只要父母能够以身作则、循循善诱，孩子自然能够做出智慧的选择，并从中获得真实的快乐。

> **心理学小词典**
>
> ### 选择的矛盾
>
> 面对多样的选择人们会感受到压力，再加上"坐这山望那山高"的人性基础，无论最后的决定如何，其快乐的程度都将减低，因为太多的选择反而会让人们一直为错失的机会抱憾。

10
为家庭的亲密度增温

1996 年，美国哈佛大学教授丹尼尔·戈尔曼（Daniel Goleman）的著作《EQ》繁体中文版在台湾地区发行，不只造成一股追求高 EQ 的热潮，更引发各式各样的"Q"出笼，无论是 MQ、AQ，或者 GQ，都成为大众茶余饭后的热门话题。

然而，此书出版至今已经二十余年，EQ 的概念就如同其他流行商品，在追逐时髦的习气里，当大部分的父母仍未能真正了解 EQ 的意涵，儿童青少年 EQ 普遍低落的社会现象还找不到解套的方法时，这个议题早已被抛到九霄云外了。

事实上，心理学家早就发现，人生的成就（特别是指主观的幸福、快乐感）大约只有 20% 取决于个人的 IQ，其他 80% 则受到其他非智力因素影响甚深。

这些因素包括：能够舒缓自己的情绪，以免情绪影响自己各方面的能力表现；能够克制冲动，延迟满足；能够激励自己越挫越勇；能够设身处地为他人着想，并妥善处理人际关系；以及对未来永远怀抱希望，并努力实践梦想，这些我们所熟知的"成功特质"，也就是 EQ 指涉的内涵。由此可见，关心孩子未来的父母，实在不宜轻忽孩子的 EQ 发展。

研究指出 EQ 的确有其先天的基础，然而脑部的相关机制仍具有相当大的可塑性，从学前期一直到青春期的情绪学习经验，对于调整先天性格具有相当重要的影响，而所谓的情绪学习经验主要来自家庭。

家庭是情绪学习的第一所学校

戈尔曼说："家庭生活是我们学习情绪的第一所学校。"透过亲子互动的方式以及父母对待孩子情绪的态度，孩子逐渐发展出不同的情绪敏感度、挫折忍受度，以及面对问题的勇气和解决问题的能力等等。

这样的成果自然不可一蹴而就，而必须透过每天生活中良性的亲子互动逐步建构，才能提供孩子 EQ 成长所需要的滋养，让孩子的 EQ 在家庭中成长、茁壮。

建构高 EQ 的家庭文化有许多方法，而提升家人之间的亲密度，让家人感受到爱始终是最重要的基础，我提供一个简易的家庭活动给大家参考检视一下家里的亲情指数（详见 83～85 页）。

表达爱的方式因人而异，但亲情测验中所列出的行为指标，是真爱的重要内涵。由家庭的亲情感受剖面图的结果，可以看出一个家庭亲情表现方式的特色，也许不尽然客观，却可以提供我们省思。

当真爱进驻一个家时，无论情绪如何汹涌，终将在这里获得抚平；无论挫败如何深重，家将会是最温暖的避风港；孩子更将在这里学会爱与被爱。

这是一个高 EQ 家庭文化的具体表现，也是支持孩子生命往前行进的最大动力。

> **心理学小词典**
>
> **EQ**
>
> 心理学家丹尼尔·戈尔曼提倡"情绪智商"（EQ），中心含义为"知己、自制、励己、知彼、利他"。如果你的 EQ 够高，就会了解自己有什么性格特质或情绪倾向，然后进一步懂得在各种场合克制自己的情绪表现，同时懂得别人可能会有什么情绪反应，并做出适当的调整。

家庭活动:亲情小检测

请详读以下题目,并根据你的观察及感受,填上适当的分数。

5= 总是如此　4= 经常如此　3= 偶尔如此　2= 不常如此　1= 从未如此

(　) 1. 我的家人会以肢体上的接触,如拥抱、拍肩等,表达他们对我的爱。

(　) 2. 当我生病、伤心,或是碰到问题时,我的家人会关心、鼓励、支持我。

(　) 3. 我有一些引以为豪的表现或成就时,我的家人也会觉得高兴与光荣。

(　) 4. 我的家人乐于听我谈论我的朋友、学业、工作等生活琐事。

(　) 5. 我的家人有空时,乐意和我在一起,或一起从事一些活动。

(　) 6. 我的家人会以口语表达对我的关爱。

(　) 7. 我的家人会欣赏而不批评我和他们不同的地方。

(　) 8. 我的家人尊重我的隐私，不会随意侵犯。

(　) 9. 我的家人允许我以自己喜欢的方式打扮自己，或安排自己的空间。

(　) 10. 我的家人不常对我发脾气。

亲情感受剖面图

| 肢体接触 | 关心支持 | 引以为荣 | 关于聆听 | 一起活动 | 爱的表达 | 接纳差异 | 尊重隐私 | 尊重自我 | 温和对待 |

爸爸妈妈可以将测试题目复印，发给每位成员一份并填写。若孩子年龄较小，可将题目口语化，以孩子

能够了解的方式念给孩子听，请他填空，再帮他填写。

接着依据填写结果，做出个人的亲情感受剖析图，再将每个人在每一题所填写的答案总加起来，除以成员数目，依据所得到之平均数，标示在图表上，就可以得到家庭专属的亲情感受剖面图。

11
让快乐成为传家的宝藏

每年十一月之后，天气逐渐转凉，也是我和丈夫结婚周年的时节。不怎么重视仪式的我们，结婚时就没拍婚纱照，蜜月选择的是参观刚开幕的科学博物馆，也很少为这个日子特别庆祝。倒是家里两个女儿逐渐长大，对爸妈之间的爱情感到好奇，又喜欢感受欢乐的气氛，总是别出心裁地为我们策划结婚周年的活动。

有一年因为时间不巧，全家大小各自忙碌，一直到很晚了才有时间聚在一起。泡一壶好茶、配几个点心，虽然只是例行地喝茶聊天活动，话题自然环绕在我们的婚姻上。女儿翻出两年前为我们制作的结婚周年纪念大富翁游戏纸盘，一家子都觉得那年的结婚纪念日特别令人回味无穷。

那是一张 A4 大小的黄色海报纸，中间空白处贴上我们两个人的合照，以及两个女儿自认为最可爱的个人照，四周围绕着方形格子。除了两个"？"代表机会、两个"！"代表命运之外，格子里写的是我们从认识到结婚，甚至婚后的重要事件，并依照这些事件对我们感情的加分效果标上分数。

譬如其中一格的标题是"电话"，下面说明："好感情+多了解+包容+爱，它功劳不小呢！""+100万"。那是因为我们在尚未正式照面之前，就已经通了一整个月的电话，发现彼此对许多重要的价值观和生命的课题都有类似的看法，为后来的感情发展加分不少。

透过不同领域来肯定孩子

这个回顾，让我想起童年的除夕。记得每年领过压岁钱，妈妈接着就会开始颁发奖金，第一个奖通常是身高奖。爸爸帮我们兄弟姊妹量身高，妈妈负责记录，这一年内长最多的人就会领到额外的一个红包袋，接着是体重奖、服务奖、快乐奖等，每个孩子都会在不同的领域得到肯定。

颁奖结束后，还有我们最期待的寻宝游戏。爸妈发给每人一张藏宝图，最先找到预藏在家里某处的红包的人，就拥有那额外的一笔奖金。奖金显然不会太多，因为事隔多年，我们没人记得到底得到多少，但等待得奖名单的心情、寻宝的历程倒是铭刻在每个人的内心，成为生命里很深刻的幸福。

为孩子创造深层快乐

也许就因为这样的成长经验，我们兄弟姊妹在各自成家、生儿育女之后，每年过年团聚时，也会为孩子设计一些有趣的活动。

寻宝照例是活动的高潮，而且每年的寻宝活动都会有不同的设计。其他如才艺表演，不管孩子是说笑话、弹奏乐器，或者是朗诵诗歌、耍陀螺，都会得到大家的喝采。当然，还有爷爷奶奶的奖金。孩子很自然地养成对这年度聚会的期待，也很享受那种欢愉、和谐的气氛。两个女儿为我们制作的大富翁游戏纸盘，多少是受这种家庭气氛的启发吧！

生活里的快乐可以分为两个层次：一是表层的快乐，也就是由实质的原因引发感官上的愉悦；二是深层的快乐，也就是说这个经验必须富有意义，快乐的感受才能持续，并成为幸福的来源。拿到奖金是表层的快乐,受到肯定是深层的快乐;找到宝藏是表层的快乐,家人之间的连结是深层的快乐。

家庭生活里充满着为孩子创造深层快乐、提供幸福泉源的机会。一支笔、一张纸、一幅图或几句话,就可以创造家庭独特的快乐经验,成为传家的宝藏!

12

营造"共感时刻",编织幸福记忆

由瑞典国宝合唱团ABBA二十多首畅销经典歌曲组合而成的音乐喜剧《妈妈咪呀!》(Mamma Mia!),改编成电影版本。两位女儿看过电影之后,开始疯狂投入ABBA的迷人旋律里,家里不只整日播放音乐,还找了其他翻唱版本来做比较。

开学前几天,家里循例要为暑假举行小小的欢送仪式,一方面为长达两个月的假期画下美丽的句点,另一方面也为即将展开的新学期做好心理上的准备。

由于女儿们对《妈妈咪呀!》里充满音乐和舞蹈的欢乐情绪念念不忘,又认为即便是再平常不过的生活,如果一家人能够适时共享平凡且得来容易的快乐,莫不是一种幸福。于是她们主动要求担纲,负责规划活动。

刚入夜,女儿调好灯光、备好饮料,让ABBA的歌声满室流泄。那声音唤起了我和丈夫年轻时的记忆,许多美好感受重现心底。当"Money, Money, Money"黑色幽默的曲调节奏传入耳朵，一家子快乐地尖叫起来，无法抵抗旋律的动感随之起舞。

共享欢乐，制造深层的幸福感

一开始每个人只是非常随性地摆动身体，但一首接着一首、紧凑欢乐的乐音激发了每个人的舞蹈细胞以及编舞创意。丈夫怀旧地跳起了几十年前流行的"痞子舞"、小女儿为这出音乐剧研发掺着戏剧成分的舞步、大女儿将学校土风舞课程的舞步融入，我则认真地分析舞步以解决队形的问题。

我们一家人无拘无束地融入音乐舞蹈里，不仅从中感受到肢体的开放以及对自己身体的了解及掌握，更因为共享欢乐而产生深层的幸福感受。

先生和我看到女儿跳舞的才能和搞笑的天分，女儿也深刻地体认到，平常忙碌严肃的父母也有天真好玩的一面。在跳舞的过程中，家人之间充满了正向的情绪和真诚的互动，那美好相聚的片刻成为令人回味无穷的记忆。

"共感"是亲密关系最重要的基础。男女交往的过程，无论是相约去踏青还是看电影，主要的目的就是创造"共感"的时刻。也有不少学者观察父母和小小孩的互动，发现父母愈能回应孩子的情感表现（跟着孩子笑、学着孩子扮鬼脸等），亲子之间的信任与连结也就愈紧密。创造心有灵犀的片刻，享受正向情感的交流，的确是建立亲密关系的妙方。

多数夫妻年轻相恋时都曾经历过这种时刻，遗憾的是，随着婚龄渐增，日常生活被种种琐事淹没、当年的热情逐渐耗损。于是有些夫妻感叹"婚姻是爱情的坟墓"，以为热情不再是因为对彼此没感觉了，却忘了当年的"共感"其实是自己用心创造出来的。只要谈过恋爱的人都相信爱情的存在，但未必能够体认爱情要走到永远，必须靠双方持续地创造"共感"。

亲子关系也一样，孩子年纪还小时，每当他突破一项挑战，无论是独立行走还是成功绑好鞋带，父母总不吝给予肯定和鼓励，和孩子共同陶醉在完成一项任务的成就感里。

同创家庭"共感"的记忆

但随着孩子日渐成长,父母的目光转移聚焦在功课这件事情上,而且对于孩子未能达成的工作特别敏感,至于和课业无关的课题,父母更是意兴阑珊。在"共感"逐渐减少的状况下,亲子间的亲密感随之淡薄,却不知道其实孩子也渴望可以无拘无束地和父母共同感受美好的事物。

放声高歌、尽情舞动是我家"共感"的来源之一。除此之外,玩文字游戏、分享八卦与笑话、一起欣赏晚霞、在住家附近的公园漫步,也是常见的家庭活动。每个家庭都有自己独特的生活方式与脉动,在这个忙碌的时代里,只要能珍惜每一个零碎的片段,就能以平常而容易的方式打造"共感"的幸福基础。在某些特别的时刻,例如:生日、节庆、假期始末等,则可以特别设计具有家庭特色的活动来凝聚家庭的情感,相信都能以"共感"创造属于自己独有的幸福。

13

爱的大富翁

岁末年终是感恩的季节,新年假期则是展望未来的时刻。然而,由于各方预测:受到金融风暴的冲击与经济不佳的影响,未来经济成长将趋缓、失业率则会随之攀升,让许多家庭面对未来一年心情无比沉重,不知如何去想象与期待。

稍堪告慰的是,在最近几场演讲的 Q&A 时间里,听众针对这个低迷的大环境所提出来的问题多半是"如何为失业者加油打气?"而非"没有钱怎么办?"可见不少人对于重拾俭朴的生活型态与消费价值已经做好心理准备了。

没有钱真的比较不快乐吗?事实上,已经有非常多的调查研究发现,近半个世纪以来,人类的财富成长许多,但快乐程度却不升反降。金钱带给人的快乐不如一般人想象的多,而且还有"边际效益递减"的现象。也就是说,有一点儿钱的人确实比没有钱的人快乐一些,但这样的效益在到达一个顶点之后，就开始往下掉，甚至会因此产生欲望愈高、满足感愈低的情况。

爱与关怀更能引发长久的快乐

近几年来，关于 EQ 的研究除了探讨如何处理具有破坏性的负面情绪之外，也日渐重视对于人性光明面的了解与发扬。以研究乐观闻名、也是"积极心理学"倡导者的马丁·塞利格曼（Martin E.P. Seligman）教授认为，感官上的愉悦所带来的快乐是短暂的，做了有意义的事情所带来的满足感则能引发深层持久的快乐。

钱带给人的满足多半属于短暂的快乐，家人间真挚亲密的爱与关怀则能引发长久的快乐。如果能体会经济不景气或许会减少感官愉悦的快乐，营造和谐幸福的家庭气氛却不必然受到影响，也许心里就不会那么慌。而如果父母能够进一步带领孩子共体时艰、共渡难关，则不只能增进家庭凝聚力，还能提升孩子的挫折容忍力。

"积极心理学"的研究还指出，为他人付出、常存感恩的心，能帮助人找到自己存在的价值，透过与他人生命的连结，远离孤独与疏离。快乐是自己的选择，快乐可以从身边做起，家庭就是去实践与验证的最佳场所。

引导孩子检视自己、了解家人

在孩子比较小的时候，我常和孩子玩一个名为"爱的大富翁"的游戏。通过这个游戏，帮助家里的每一位成员觉察自己对于"爱与被爱"的感受，了解并尊重每位家人的独特性，并能适当地调整自己表达爱的方式，让家人体会到被爱的感受。

爱与被爱的能力，是人生幸福与否的重要关键之一。家人之间的爱毋庸置疑，但由于先天与后天的因素，每个人表达爱与感受被爱的方式却不尽相同。通过这个游戏，可以帮助家人厘清并体认这个观念，进而能互相尊重，更能适切地去爱家人。

如果有某位家人感受被爱的方式和别人对他的爱的表达方式无法匹配，平常的关系一般也会比较困扰。这时可讨论看看是否可以互相调整改变，以增进家人之间的积极感受。

孩子大一点儿之后，如果已经习惯于检视自己、了解家人，游戏就可以功成身退，透过日常的交谈互动，也可以达到同样的效果。当真爱进驻每一个人的家，即使物质匮乏，精神仍然可以丰盈富饶；即使生活清贫，仍然可以成为"爱的大富翁"。

心理学小词典

乐观研究

心理学家马丁·塞利格曼以研究乐观闻名，也是"积极心理学"倡导者。他认为感官上的愉悦所带来的快乐是短暂的，做了有意义的事情所带来的满足感则能引发深层持久的快乐。

此外，为他人付出、常存感恩的心，能帮助人找到自己存在的价值，透过与他人生命的连结，远离孤独与疏离。

家庭活动：爱的大富翁

1. 找个舒适有桌面可活动的地方让家人围成圆圈坐下。发给每位家人名片大小的蓝色卡纸，每个人手上的张数为家人数量的两倍。

2. 请成员在卡片的正面写上"被爱的感觉"，背面分别写出每位家人的称谓，如爸爸、妈妈、姐姐、弟弟等各两张，然后写下自己最能感受到被这位家人关爱的方式各两种。

3. 接着依照同样的方式发给家人红色卡纸，卡片的正面上写上"爱的表达"，背面写上最常对其他成员表达关爱的方式各两种。

4. 卡片完成后，将红色及蓝色卡纸集中洗牌，发给每人四张之后，将剩余的卡片正面朝上放在中央。

5. 以猜拳、掷骰子或数字的方式决定由哪位成员开始。

先释出卡片一张,再取得卡片堆中最上面的那张。任何一张红色卡纸如果和蓝色卡纸相符,即可配对成对置于一边(如捡红色点,但必须红蓝相配)。接着由成员轮流出牌,并从别人释出的卡片或桌上的卡片堆中取得一张。

6. 最先将手上的牌配对完成的,为本局的优胜者。一旦习惯这种玩法之后,可以增加纸牌的张数,以提高趣味性及新鲜感。

14 让欣赏成为家庭文化

每年最后一夜，我们全家都会一起收看日本行之有年、由 NHK 电视台主办的岁末音乐盛事"红白歌唱大赛"实况转播。2008 年大赛的核心概念为"歌曲的力量，情感的牵系"，歌曲内容环绕着奋起、希望、爱、家庭等主题，全场充满激励人心与温馨感人的气氛，而节目穿插歌手穷苦潦倒、失意挫败时受到家人鼓励支持，藉由歌曲表达感恩的片段，更令人湿润了眼眶。

"甜蜜的家庭"始终是人类心中最重要的精神资源。研究指出，处在婚姻状态下的人比较快乐，而家庭能帮助人们对抗打击、渡过低潮也早有明证。然而，面对每天繁琐的家庭生活，一般人比较容易感受到的却是烦躁与不满，这个现象或许可以用"趋避冲突"这种心理机制来解释。

家庭里的趋避冲突

由于个人内在常有多种需求或目标，当这些需求或目标方向不同、互相拉扯时，就会造成个人内在的冲突，如果无法妥善处理、做出明智抉择，内心就会感到焦虑。心理学家克特·勒温（Kurt Lewin）认为常见的冲突有：双趋冲突、双避冲突与趋避冲突。其中"趋避冲突"指的是，面对生活中同时具有好处与坏处的事情，处在矛盾冲突中，"期待又怕受伤害"就是这种心情的最好脚注。

婚姻与家庭也是这么一回事，婚姻带来的亲密很美好，但独立自由的空间必然减少；孩子给生活带来的乐趣不少，但相对的责任也增加许多。

有趣的是，心理学家发现距离目标较远时，不管是渴望趋近或想要逃离的力量都比较微弱，随着目标愈接近，两股力量都会增强，但逃离力量增强的幅度较大，趋近力量增强的幅度较小。

婚姻与家庭生活里也有类似的作用。每天的近距离相处让我们很容易感受到家人的缺点，一旦相隔两地甚或失去所爱才感受到家人的弥足珍贵。许多父母在面对空巢期的失落时，开始怀念孩子在身边的吵嚷时光；也有不少孩子要到长大离家之后，才能体会并渴望父母的照顾与叮咛。

建立积极情绪与性格

专研积极情绪功能的心理学家芭芭拉·佛德利克生（Barbara Fredrickson）认为，积极情绪可以拓展人们的智慧、身体及社会资源，增加当威胁或机会来临时可动用的储备资源，甚至提升容忍度与创造力。而"积极心理学"的研究也指出，家人间的相互接纳与欣赏，能够带给人积极的情绪感受，并强化积极人格的建构，这些都是快乐与幸福最坚实的基础。

由于生活节奏与型态的变化，有些家庭相聚的时间太少，有些已经不太习惯彼此表达内心的感受。如果能利用长假期轻松悠闲的时光，活化家人间积极情绪的表达，鼓励赞赏家人的积极性格，必能提升家人的自尊与自信，增进家庭的 EQ。

> **心理学小词典**
>
> **常见冲突类型**
>
> 心理学家指出，生活中常见的冲突有：双趋冲突、双避冲突与趋避冲突。其中"趋避冲突"指的是，面对生活中同时具有好处与坏处的事情，处在矛盾冲突中，"期待又怕受伤害"就是这种心情的最好脚注。

家庭活动：我欣赏你

1. 利用家庭共聚闲聊的时间，**引导家人观察彼此的外貌**，如：五官、表情、体型等，或回想日常生活中家人表现出来的生理特质，如：声音、动作、精神等，并轮流表达对每一位家人外貌或生理特质上最欣赏的地方。

2. 接着引导家人静下来思考，**最欣赏其他家人的哪一项人格特质**（如热心、体贴、很大方、会耍宝等），并轮流表达。

3. 最后，请成员回想，当其他成员**如何对待自己时，会感受得到关怀与温馨**，并轮流表达。

4. 活动结束之后，可以全家一起讨论下列问题：
    ◎你对于表达对别人的欣赏有何感觉？
    ◎你觉得为什么平常大家都吝于表达？

◎你如何真诚地表达对别人的欣赏？
◎当别人肯定、赞美你时，你有什么感觉？
◎你觉得别人对你的欣赏，对你有什么样的影响？

每个人都有值得珍视与欣赏的地方，然而在生活的忙碌与压力下，我们往往不自觉地流露出不满与批评，而忽视了正向情绪的表达。互相接纳与欣赏是家庭的重要功能之一，期待透过这个活动，引发正向支持的情绪、建立互相沟通的桥梁，提供家人爱与亲密的力量。

15
给孩子值得珍藏的美好回忆

春节期间,循往例返回台湾地区南部探望爸妈。为了避开车潮,我们一家起了个大早,在初二的晨曦中赶赴年度的家族团聚。

抵达老家时,上午才刚开始,还未坐定,就听到两位小外甥"咚咚咚"地从楼上走下来。睡眼惺忪地见了面,没惦记红包,倒是开口就问:"今天晚上可以玩寻宝游戏吗?"我神秘地笑了笑:"等大家都回来,吃过晚餐就可以玩喽!"两个女儿也在一旁帮腔:"今年你们都长大了,玩的可是难度比较高的'密码寻宝'哟!"

看到小外甥期待的眼神和可爱的笑容,我不禁回想起物资不充裕的童年。那时压岁钱虽然不多,但是每年除夕妈妈精心设计的寻宝游戏,除了多一份红包的喜悦之外,找线索、解密码的寻宝过程,在我和我的兄弟们心里铭刻下的是更深层的快乐。为了让这份美好记忆得以延续,每年返乡之前,我总是要绞尽脑汁地设计一年一度的寻宝游戏。

为不同年龄孩子设计不同游戏

孩子还在学前阶段时,我设计的多半是简单的迷宫寻宝,只要循着地板上标示好的线条,排开不相干的线索,就可以发现宝藏。学龄阶段则以空间线索为主,孩子人手一张标示着起点、距离和方位的寻宝图,抵达终点还要解开文字密码才能得到宝藏。随着孩子的年龄渐长、能力日增,要规划既能让他们获得成就感,又具有趣味性的寻宝游戏,对我来说也逐渐成为一项挑战。

正苦恼着该怎么突破时,小女儿提及小表弟要向她借阅《哈利波特与"混血王子"》。我突然意识到,家族孙辈中年纪最小的两个外甥,也已经到了喜爱阅读少年小说的年纪了。

灵机一动,我决定利用书中的词汇当作密码,拼凑出宝藏放置的地点,让原本就充满着神秘奇幻的《哈利波特》化身为寻宝游戏不可或缺的密码宝典。两个已超过这项寻宝戏年龄的女儿自告奋勇，一页页地协助寻找适当的词汇，如楼梯、卧室、橱柜、时钟、玻璃、碗等，记下页码、行数及字数，不到半个小时，三份寻宝密码出炉了。

到了寻宝游戏的时间，外甥一脸狐疑地拿着密码清单，听我解释译码方法。由于密码宝典只有一本，几位堂兄弟很快地讨论出必须遵守的规则。最小的外甥在大家的礼让下拔得头筹，迫不及待地首先翻开书，嘴里念念有词："070-2-13、14里，一个细细长长的682-7-14、15、16旁，有一个……"手也没有闲着，一字一字认真地数着。

年纪最长、快上高中的大外甥，才破解第一道密码就以推理的方式猜出了红包放置的地点。即使身高已近180公分，仍难掩得意的神色，还神闲气定、以幽默的动作和若有似无的暗示，帮助堂弟找到宝藏，惹得围观的大人哈哈大笑。当最小的外甥顺利解开密码，手上的红包映着脸上开心的表情，充满着惊喜和成就感，煞是可爱。一旁的兄弟姐妹相视露出会心的微笑，长辈也都拍手叫好。

建构积极情绪，储备未来能量

积极心理学的倡导者马丁·塞利格曼教授认为，为人父母应该重视建构孩子的积极情绪和人格特质，胜过化解他的负面情绪或消除负面的人格特质。因为研究发现，积极情绪不只可以增进孩子的智力表现、扩大孩子的社会和身体资源，还可以使他在长大之后有情感的存款可以提取，提升对抗挫折与压力的能量。

塞利格曼也指出，愉悦和满足感是不一样的。愉悦是感官上的快乐，虽然来得快，但去得也快；满足感则是在从事喜欢的活动之后带来的意义和感觉，这种快乐层次更深，也更持久长远。

情绪的成熟是高 EQ 的重要指标，而孩子唯有在与人建立关系、观察别人的情绪表达、描述自己与他人的情绪、进行情绪对话，并实质参与激发各种情绪反应的活动等经验中，才能学到关于情绪的一切。

更重要的是，如果孩子体验到较多的好奇、高兴等积极情绪，他们会比较愿意迈出脚步去探索世界。而当父母或师长和孩子皆处于积极的情绪状态，双方的这种美好感觉有助于共同专注快乐时光，使得孩子乐意随着长辈一起从事创造性的活动。

一年一度的寻宝游戏，让孩子感受到长辈的协助与肯定，也让孩子学习到如何与平辈合作和互助。富含着温馨的家庭互动，需要的是满满的爱与一份好玩的心情，只要父母花点心思，就能够让孩子在成长过程中，拥有值得珍藏的美好记忆。

有方有法，家庭 EQ 高

观念篇

孩子的情绪智商如何,父母的教养方式扮演了非常重要的角色。要提升孩子的EQ,父母应先了解人类情绪的机制。

提升孩子的情绪智商

健全的性格是获取幸福人生最重要的基石,无论孩子天生的气质如何,自我肯定、独立自主、情绪成熟、尊重他人等,都是在成长的过程中父母必须协助孩子发展的重要特质。其中情绪成熟,也就是高 EQ 的表现,更扮演着核心特质的角色。

EQ 的内涵

所谓的 EQ(Emotional Quotient),指的是"情绪智商"或"情绪管理能力"。心理学家彼得·沙洛维(Peter Salovey) 汇整了心理学界对于 EQ 的看法,认为 EQ 包含了五项情绪处理能力:了解自己的情绪、妥善管理自己的情绪、自我激励、了解他人的情绪以及妥善处理人际关系。这些能力究竟如何影响一个人幸福与否,就让我们以生活中常见的例子来说明:

1. 了解自己的情绪。"迁怒他人"是常见的人际困扰,要做到不迁怒,必须先练就了解自己情绪的能力。这也是 EQ 最基本的功夫,因为情绪来临时如果连觉察或了解都没有,那就更甭谈情绪管理了。

许多父母都有过这样的经验,有时候不自觉地怒骂了孩子,事后回想却发现事情没那么严重。这往往是因为自己并非真的对这件事那么生气,而是之前已经有其他情绪的累积,因为没有觉察而没有处理,当情绪慢慢累积到一个极限时,就无意识地将气出在孩子身上。

情绪来临就像失火了一样,需要扮演消防队的理性来协助灭火。然而,如果在火灾刚发生时,没有人发现并报警,等到熊熊大火时再通知消防队,即使火灭了也可能已经损失不赀。觉察自己内在情绪的能力,就像烟雾警报器一样,让我们可以防微杜渐,及早处理情绪问题,避免莫名其妙发脾气或突然情绪崩溃的情况发生。

2. 妥善管理自己的情绪。觉察到情绪之后,还要有抒解情绪、为情绪找到出口的能力,才能够化情绪为动力,避免情绪带来的困扰与伤害。例如担负经营家庭重任的父母总会碰到工作不顺、夫妻失和、家务繁琐等状况,即使已经觉察到自己的情绪，心情仍难免低荡。无论是清楚地告知家人自己的状况，取得家人的支持与体谅，或者是积极寻找解决问题的方法，为家人树立榜样，都是妥善管理情绪的绝佳典范。

正向的情绪如快乐、得意、放松等是生命意义的重要来源，但负向情绪通常是危机与困境的警讯，在激发人们追求美好生活的动力上扮演着重要的角色。如何感受正向情绪、安顿负向情绪，需要后天的学习。能够妥善管理情绪的人，不只能够享受生命的丰美，也能够摆脱生命的阴郁。

3. 自我激励。孩子的挫折容忍度大不如前，是现代家长与老师普遍的忧心。自我激励指的就是忍受挫折的能力，最常被提到的例子是爱迪生。爱迪生为了寻找适合做灯泡芯的材料，前后进行了一千多次的实验都失败了，他的助理劝他放弃时，爱迪生却回答："我们没有失败，从这一千多次的实验里，我们知道了哪些材料不适合做电灯泡。"他也曾说过："天才是一分的天分，加上九十九分的后天努力。"就是这种不屈不挠的毅力，使得他成为人类历史上最令人敬佩的发明家之一。

在这个瞬息万变、竞争激烈的时代，自我激励的能力更显得重要。人生的起起伏伏有许多因素非个人能掌握，即使再努力，仍可能受到大环境的冲击。在这个不安定的时代，孩子能否安然度过，就看父母是否为孩子配备了面对挫折与压力的勇气，以及调整心态和身段的能力。

4. 了解他人的情绪。人际关系良好与否是一个人能否幸福的另一个关键，而了解他人情绪是建立良善关系最重要的基础能力。愈能了解别人的感受，相处起来就愈容易；有了了解作为基础，无论是处理冲突或团队合作都会容易许多。

以两性的相处为例，许多夫妻之间的冲突往往是因为不了解男性与女性在情绪感受上的差异。夫妻一起到陌生的地方去度假，到了当地找不到路时，多数的太太会说："去问人好不好？"此时多数的先生会答："不必，我一定找得到。"又过了半小时还找不到，太太心里就嘀咕了："如果他肯问人我们早就到饭店了，连这么一点儿小事也不肯听我的，还说什么爱我。"结果是还没开始度假，夫妻间已经有了疙瘩。

事实上，女性从小多被鼓励合作而非竞争，因此对于去询问别人也没有尊严受损的感觉，而男性因为从小就多被鼓励竞争，要他们承认碰到问题是件困难的事。即使如问路这么小的一件事情，路人知道而他不知道，都会让他觉得自己差劲，心里不舒服。了解两性对同一件事情可能有全然不同的解读和情绪感受，做太太的也就不会那么生气。

在我的大学岁月里，每次回南部老家一向最疼我的祖母就会问我恋爱情事。记得每次聊完，祖母总不忘吩咐我："知性可以同居。"意思是说唯有了解彼此的性情，未来才可能和谐地共同生活。一句谚语，印证了了解他人情绪的重要性。

5. 妥善处理人际关系。一个人人缘好不好、能否成功地建立亲密关系，主要取决于他是不是能够妥善处理人际互动中的情绪因素。

像刚刚所提到的问路情境，只要太太将问题改成："我去问人好不好？"多数的先生都会说："好。"只要能够尊重对方感受，提出双方都可接受的方案，找不到路的问题也就可以顺利解决。

在台湾地区的文化背景下，多数的婚姻关系都是太太必须调整自己以适应夫家文化与作息，即使是贤淑的太太也难免有觉得委屈的时候。许多先生碰到太太抱怨的直觉反应都是："那你要我怎么办嘛！"其实太太需要的未必是对错的评断，而是先生以"我知道你受委屈了！"来表达关怀罢了。

情绪三要素

任何能力的发展,都受到先天、后天的影响。与情绪处理相关的特质或能力,受到后天环境影响的程度很大,也就是说无论天生的情绪特质如何,后天都还有很宽广的调整空间。孩子的情绪智商如何,父母的教养方式扮演了非常重要的角色,要提升孩子的 EQ,父母应先了解人类情绪的机制。

"何谓情绪?"是心理学长期以来探究的课题之一。根据长期累积的研究结果,心理学界普遍同意,人类的主观情绪主要受到自主神经系统的反应所激发的生理状态、对情绪事件的认知想法,以及肢体表情三大因素影响。

1. 生理激发状态。心理学有个有趣的实验,将参与实验的年轻男子分为两组,一组去走坚固平稳的水泥桥,桥距离河面只有十公尺;另外一组去走又长又窄的吊桥,桥下是很深的溪谷,两组过了桥之后都会遇见一个美女请求他协助填写问卷并留下联络的方式。结果显示,实验后会主动打电话和这位美女联系的人数,走危险吊桥那一组的显然比走安全水泥桥的要多。原因是走吊桥的时候,肌肉会变得比较紧绷、心跳也会比平常快，在这种"心头小鹿乱撞"的时候遇上美女，很容易会判断自己爱上她了。

在爱情的研究上，我们把这种状况称为"罗密欧与朱丽叶效应"，愈是崎岖的爱情好像也愈激烈、愈伟大，生理的激发状态甚至会影响我们对爱情的认知。罗密欧与朱丽叶如此相爱，有一个重要的因素是他们遭受到强烈的反对。因此当子女谈恋爱了，如果父母不喜欢这个对象，千万不要太强烈地表达反对，那只会让他们的爱情变得更炽烈。如果父母不反对，或许有一天罗密欧会发现朱丽叶也是有缺点的，父母的反对反而让他们在还来不及发现对方缺点的时候，爱情就已经强烈到要殉情了。

这个实验与其他研究的结果，证明了人类的情绪会受到生理激发状态的影响，生理状态愈激动，情绪感受也会愈强烈。因此，在情绪处理上有一个很重要的原则，就是"不要在疲惫、赶时间的情况下处理重要的教养课题"。因为神经在压力来的时候是紧绷的，对同一件事情，感受会比较强烈，也就容易愈骂愈凶，等到造成情绪伤害后再来追悔已经来不及。

2. 认知想法。生理状态会影响情绪，但大家也一定有过在同样的生理状态下，却对同样的事情产生不同情绪的经验，这是因为认知想法不同之故。

心理学也有相关的研究，将学生分成四组观看非洲部落的成年礼纪录片，片中以石刀对年轻男子进行割礼，在没有麻醉的情况下，可以想见片中主角一定承受着极大的生理痛苦。这四组学生观看的影像虽然一模一样，但配音不同：第一组的旁白强调片中主角所承受的痛苦；第二组以轻音乐作为背景而没有旁白；第三组是没有音乐也没有旁白；第四组的旁白强调成年礼对年轻男子的心理意义，如"这个手术虽然不舒服，但是只要想到自己即将蜕变为成人，心里就感到很骄傲。"接着再让学生评定，看的时候心里有多么不舒服。四组的结果显然不同，觉得最痛苦的是第一组，而第四组最不觉得痛苦，其差异就在于认知想法的不同。

上一代人中，以左手写字的孩子总会遭受师长强烈的指责和纠正，但到了今日，多数父母与老师看到孩子以左手书写，并不会产生担忧、气愤的情绪，也不会要求孩子一定要改以右手书写。同样的事情，两代人的主观情绪有这么大的差异，其原因就在于这一代的父母与老师接受了科学新知，了解以左手书写是天生的差异，虽然比例较少，却也意味着孩子可能拥有较稀有的优势能力。这个例子充分说明了，认知想法不同确实会造成情绪感受的差异。

3. 肢体与表情。心理学界认为人类有共通的情绪表现方式，这似乎是天生的，只要内在有同样的感受，就会表现出类似的脸部表情。这个结果与一般人对情绪的了解相去不远。

有趣的是，人类情绪经验其实还受到另一个大家比较不了解、不容易觉察的机制影响，叫作"脸部反馈假说"；也就是说当我们做出某种表情时大脑会接收到这个表情所传送回来的讯息，此讯息和其他成分连结之后，将使得情绪感受更加强烈。

演技精湛的演员因为过于入戏而无法从主角的情绪状态回复正常的新闻，我们偶有耳闻，其原因有一部分就在于男主角咬牙切齿时，内心也会逐渐感到愤怒；女主角蛾眉深锁时，会忍不住感到悲伤。

父母或师长在教训孩子时，若能切记不要一手叉腰、一手以食指指着孩子骂，通常指责就会比较理性。因为摆出标准的茶壶姿势时，会让我们愈骂愈生气，愈骂愈强烈。这个生活上的例子，背后的理论就是刚才说的，表情与肢体的反应会回过头来影响主观的情绪感受。

提升孩子的 EQ，可以透过两个途径来进行：一个是以经常性的情绪教育，来引导孩子建立高 EQ 的习惯与特质；另一个是在孩子面临情绪事件时，适当地予以情绪辅导，让孩子能够从中学习成熟的情绪处理。

EQ 教育与教养的核心概念

不过，父母与师长必须体认，当一个情绪事情发生时，当时的生理激发、对这件事的认知想法，以及当下的肢体表情会共同影响到主观的情绪经验。因为这三个因素各自不同，所组合出来的主观情绪感受也不一样；而主观的情绪经验产生之后，一个人会针对这个情绪做出什么样的反应，更有明显的个体差异。

情绪感受或情绪反应方式的先天差异必须被了解与尊重，才能在孩子各自的基础上，建立具有个人风格，也最适合孩子的高 EQ 状态。因此，父母师长在进行情绪教育或情绪辅导前，必须先厘清情绪教育里相当核心的两个概念，也就是"情绪感受没有对错""情绪反应有恰当与否"。

核心概念：情绪感受没有对错

以家庭中常见的手足纷争，或校园里常见的同学冲突为例。我曾经听到一位大人怒责孩子："当哥哥的爱护弟弟都来不及，怎么可以讨厌弟弟，还把弟弟的鞋子丢到池子里！"后来发现，其实是弟弟先当众嘲弄哥哥，哥哥屡次表达要他停止，弟弟都不听，哥哥气急败坏之下，才把弟弟的鞋子丢进水池里。如果当下能先接纳孩子对弟弟的怒气："你看起来很生气啊！"再问问孩子："是不是弟弟做了什么事，让你很生气呢？"孩子的情绪有了表达的出口，通常也就抒解一大半了。

不同的人对同样的事情，情绪感受是不一样的。乐观固然让人充满希望，悲观也可能让人学会谨慎；对事情感到难过可以转化为内省的能量，愤怒也可能成为利他行为的动力。EQ教养的目标不在于将每个孩子都套上一个标准的情绪模样，而在于引导孩子发挥自己的情绪优势，改善自己的情绪弱点，找到最适合自己的情绪风格。一样米养百样人，也正因为人各有异，人际互动才显得多采多姿。而不同的工作、角色，也需要不同特质的人，只要具有自我掌握的能力，每一个人都有他存在的价值与意义。唯有了解人的差异，才能够造就互相尊重的多元文化。

核心概念：情绪反应有恰当与否

主观的情绪经验没有对错，但在如何表现情绪反应这个行为层面就有了恰当与否的差别。我们尊重每个人感受上的差异，但每个人在成长过程中都必须学习，情绪在什么时候、什么场域、以什么方式来反应是恰当的，在什么状况下则必须有所调整。

以前文提及哥哥把弟弟的鞋子丢到水池里的例子来解析，即使哥哥愤怒的情绪可以被理解，把对方的鞋子丢到水池里仍然是需要被规范与纠正的行为。因此在抒解了孩子的情绪之后，一定要让孩子知道，把别人的鞋丢到水池是个不恰当的反应，对弟弟的不当行为感到生气时，可以告诉父母或师长，并保证大人会和他一起处理这个问题。无论是弟弟或哥哥都必须面对他们各自的行为后果，并承担起该负的责任。

父母总希望孩子能够"兄友弟恭"，师长则期待学生能够"相亲相爱"。因此孩子有冲突时，大人就会教训孩子："你怎么可以讨厌弟弟（妹妹、兄姐）？不喜欢某同学？"事实上"兄友弟恭"与"相亲相爱"是一种行为表现，也是教养与教育的重要目标。但我们要把目标设定在经过教育与教养之后，孩子在多数的状况下能够和别人和谐相处，孩子在成长的历程中，能够日渐亲近、减少冲突，而非绝对不可以有冲突。

孩子之间互相冲突乃家常便饭，即使再懂事乖巧的孩子，也有看别人不顺眼的时候。接纳了这个情绪，孩子不再陷溺于情绪，才有足够的精力来学习如何处理问题。

"情绪感受没有对错，但情绪反应有恰当与否"是情绪教育最核心的概念，能够接纳自己、了解自己的主观情绪，并且能够因着人、事、时、地、物，来调整情绪反应的方式，才是高 EQ 的表现。

三方向,引导情绪教育

EQ 的发展是一个历程,父母或师长若能在日常生活中,以影响情绪的三大要素为方向,规划并支持孩子去体验与情绪相关的活动,教导孩子一些提升 EQ 的概念与技巧,让孩子可以在日常生活里确实运用,要教养出高 EQ 的孩子就不会是难事。

1. 学习身心放松术。紧绷的身体会让情绪感受更加强烈,也让人际互动更加紧张。在日常生活中自然而然地导入适合全家或全班的活动,例如亲子瑜珈、肢体律动,甚至只是简易的体操,配合轻松舒缓的音乐,只要能让孩子体会身体紧绷与放松的感觉,都能提升他对身体的自觉,学会在紧绷的时候适度放松身体。

在这个生活步调匆忙紧张的时代,无论是大人还是小孩,至少都要学会一种最适合自己的肌肉放松术。如果孩子不习惯从事这类活动,至少要鼓励他学会最简单的"深呼吸",只要学会在情绪逐渐上升时进行深呼吸,肌肉会放松,情绪也就舒缓了。

2. 学会"换个角度想"。 对事情的认知想法会影响人们的情绪，当周遭的人受情绪困扰前来倾诉时，大部分的人都会劝别人"退一步海阔天空""换个角度想，事情就会不一样"，但是怎么做才能够养成"退一步""换个角度"的能力，多数人不甚清楚。

一般而言，一个人要能够调整或改变行为，需要三个条件：一是情感上的体认，二是认知上的调整，三是行动上的改变。

在教育或教养的情境中，父母和师长可以运用一些有趣的素材来帮助孩子体认转换思考角度的意义。

譬如这张图片（图一，取材自boring，1930）让大家猜猜图中女士的年龄，就会发现有人看到的是年轻的小姐，有人则看到一位上了年纪的老婆婆。

事实上，这张图片的物理刺激对所有人来说都一样，也就是说进到大家眼睛的讯息是一样的，但当我们把这位女士黑色头发右下方的曲线解释为眼睛时，整张图片看起来就像个老婆婆，

图一

而同样的这条曲线解释为耳朵时，看起来就是位美丽的少妇。

　　这样的图在心理学里叫作"暧昧图形"。透过这样的活动，可以让孩子体验到，同一件事情可以有不同的解释，两个人看法不同时，未必是我对你错或你对我错。只要有这种体认，孩子就比较能够接纳不同的看法，不会固执己见。而当一个人愿意开放心胸听听别人的解释，他也就拥有了多元的观点，需要时自然能够换个角度想。

　　另外一张图（图二，取材自 Monturn and Bruner, 1951）呈现的也是心理学非常重要的一个知觉研究，孩子先看到直排的 12、13、14，或者是横排的 A、B、C，会影响他对于中间这个符号的解释。前一组认为那个符号是 13，而后一组会认为是 B，背景显然会对我们的知觉产生影响。许多人际冲突都来自因为成长背景不同所导致的认知差异，大人和小孩、男性和女性，甚至不同文化的差异都和这个现象有关。这些体验可以作为后续处理人际冲突时的共同

图二

语言，帮助冲突的两方打开心胸倾听别人陈述不同的看法。

然而，只玩体验游戏是不够的，更重要的是日常生活中，大人能不能展现出尊重不同意见的民主风范，是否接纳孩子和自己不同的感受与想法。父母或师长能够在日常生活中容许多元的看法，甚至引导孩子讨论某件事或某个主题，让孩子发现一个主题可以有不同的想法，一个问题也可以有不同的解法，孩子自然就能学会"换个角度想"。

3. 掌握表情与肢体。脸部表情与身体姿势都会影响情绪，经常皱眉的人很难有开朗的性情，老是下垂的嘴角也会让人愈来愈不开心。上过戏剧课的孩子都知道如何去掌握脸部表情的变化，透过这样的练习，提升孩子对于自己脸部表情的敏感度，提醒自己"笑口常开"，为自己创造好心情。

除了一般性的情绪教育之外，情绪来临时，也是进行情绪辅导的最佳时机。透过实际的演练带领孩子体验妥善处理情绪的过程，孩子自然能逐步建立自我修正的机制，提升自己的 EQ。

进行情绪辅导的四重点

孩子的行为固然需要规范与管教,但孩子的情绪自然存在、没有对错而且对人的影响很大,在孩子成长的过程中,唯有重视孩子的情绪感受,才能顺利完成行为的规范与教养。至于进行情绪辅导的方法,大致可以分为以下几个重点:

1. 接纳孩子的情绪。以常见的手足纷争为例。当孩子抱怨弟弟抢走他的笔,父母多半会直接告诫弟弟:"不可以抢哥哥的笔,把笔还给他,等一下才轮到你。"虽然规范了孩子的行为,却未能处理孩子的情绪。有些孩子也许顺从地学乖了,但也有不少孩子因为自我意识太强,继续吵闹不休,或趁大人不注意又故态复萌。而当孩子抱怨姐姐在外人面前说他的不是、让他很没有面子时,父母的回应可能是:"不要理她就好了嘛!"不只没能安慰孩子,更让孩子觉得自己生气好像小题大作、不应该似的,孩子就会觉得父母不公平,老是站在姐姐那边。

此时,如果父母能够理解并接纳孩子的情绪感受,一句表达同理的话语:"你现在一定很想要这支笔?""嗯,这种话听起来的确让人生气,你是不是很希望她不要在别人面前这样说你?"孩子的情绪当下就会抒解一大半,也可以从父母的同理中,提升对自己情绪的觉察和了解,并学到未来碰到同样的状况时,可以用类似的话语表达自己的情绪或需求。

了解自己的情绪是 EQ 最基本的功夫,但这项能力并不是时间到了自然就会,而必须在成长过程中透过大人的引导逐步学习。现代父母大都很讲道理,但碰到孩子有情绪时,讲道理往往不是个有效的方法。

讲道理和聆听最大的差异在于有没有了解并接纳孩子的情绪。道理固然要讲、规范自然得要求,但孩子陷溺在情绪里时,理性很难发挥作用。唯有先处理了情绪,孩子才能够静下心来思考道理,想想该怎么做。

2. 协助孩子了解、表达自己的情绪。大女儿高二那年,有一天放学回家,满脸忿忿不平的表情。我一边准备晚餐,一边和她进行以下的对话:

她生气地说:"孟子最讨厌了!"
我回应:"你看起来很生气,是不是因为孟子很多嘴呢?"

"就是嘛！那么多嘴做什么，孔子可爱多了。"余怒未消的她接着说。

"的确，和孟子比起来，《论语》的篇章短多了。"

"那么多嘴，难怪别人要嫌他烦，他竟然还回说'予岂好辩哉，予不得已也'。真是令人讨厌！"

"你是不是还觉得孟子用了很多难字，让人很受不了？"我继续问。

"就是啊！引经据典也要适可而止嘛，用那么多典故，后人读起来很辛苦啊！"

虽然听起来火气不那么大了，大女儿还是一副苦瓜脸。一直到吃过晚餐，她叹了一口气说："我上楼做功课去了，今天得把孟子的一篇文章从文言文翻译成白话文！"

父母常希望孩子在求学过程中，最好对所有的学习内容都非常喜欢，然而孩子可能喜欢数学不喜欢化学，可能精于历史却讨厌地理。偏好是人之常情，能够了解自己偏好的孩子，在未来做生涯选择时，多半也比较容易做决定。即使喜欢古代文学的孩子，也可能爱苏东坡不爱韩愈，甚至正因为有偏好，更表示孩子对于不同的文风有辨识的能力,语文也会学得比较好,可见偏好未必不好。

父母担忧的是,孩子因为不喜欢就不学习了。事实上除非自我放弃、碰到无法克服的学习障碍,或者亲子关系不佳以致孩子偏要让父母不高兴,否则多数的孩子都知道,即使不喜欢功课还是得做、学习还是要继续。他需要的就是那份了解与接纳,并且在与父母进行这样的对谈过程中,了解自己真正的感受与想法,对自己的情绪有更深一层的认识。若父母与师长经常能够如此对待孩子的情绪,孩子将逐渐学会自我聆听与自我引导,未来即使父母、师长不在身边,他也已经具有自我处理情绪的能力。

3. 引导孩子恰当表达自己的情绪。沿用手足纷争事例,同理了孩子很想要笔,或不喜欢姐姐在外人面前说他不是的情绪,并不代表父母认同孩子抢哥哥的笔,或者做弟妹的可以用破坏姐姐的物品来报复泄恨的行为。情绪固然需要被接纳,行为却不能不规范。

同理了孩子的情绪之后,如果还继续犯规耍赖,父母就必须坚定地执行行为规范,直接把他带离现场;也可以引导孩子，和孩子一起探讨如何告诉姐姐他有多难过、多生气，或鼓励他以其他方式调节自己的情绪。

4. 以身作则。"身教重于言教"是教育与教养不变的真理，在孩子的 EQ 发展上，这句话尤其真确。解数学难题或许无法只透过模仿就能学会，但孩子表达情绪的方式却有相当大的成分来自模仿父母。希望孩子快乐，父母必须先懂得体验生命中的美好；希望孩子放松，父母必须先停止焦虑；希望孩子乐观，父母必须不再怨天尤人。希望孩子拥有高 EQ，就必须从打造高 EQ 的家庭文化做起。

父母永远要记得生命的成长是一个历程，适情适性、有方有法之外，再加上一点等待与忍耐的涵养，自然能够轻松地教养出高 EQ 的孩子！

心理学小词典

EQ 的内涵

为 Emotional Quotient 之简称,指的是"情绪智商"或"情绪管理能力"。

心理学家彼得·沙洛维(Peter Salovey)汇整了心理学界对于EQ的看法,认为EQ包含了五项情绪处理能力:了解自己的情绪、妥善管理自己的情绪、自我激励、了解他人的情绪,以及妥善处理人际关系。

罗密欧与朱丽叶效应

人类的情绪会受到心理激发状态的影响,生理激发状态愈激动,情绪感受也愈强烈。

因此,在情绪处理上有一个很重要的原则,就是"不要在疲惫、赶时间的情况下处理很重要的教养课题"。

认知激发论

学生观看影像一模一样的非洲部落成年礼纪录片,在四种不同的情境下(以言语提示承受之痛苦、播放音乐、不提示、言语鼓励),学生的心理感受显然不同。证明在同样的生理状态下,认知想法不同也会造成情绪感受的差异。

脸部回馈假说

当我们做出某种表情,大脑会接收到这个表情所传送回来的讯息,此讯息和其他成分连接之后,将使得情绪感受更加强烈。

暧昧图形

同一件事情可以有不同的解释,两个人看法不同时,未必是我对你错或你对我错。只要有这种体认,孩子就比较能够接纳不同的看法,不会固执己见。

实用篇

一个人是不是成功、是否觉得幸福,受到 EQ 的影响很大。

父母可以透过日常生活中的对话、游戏等,轻轻松松以身作则,提高家庭 EQ。

当其他同伴不和你的孩子玩

多年来和许多家长一起关怀孩子的成长,充分感受到家长最关切的课题是学习,最困扰的却是情绪。而在参与许多学校辅导事务的过程中,也发现老师最重的责任是教学,最深的忧虑却是行为。

随着社会变迁加速、竞争加剧而来的负荷与压力,以及未来社会需求的品格与创意,使得情绪管理的能力——也就是情绪智商(EQ),成为家长与老师所关切课题的最大公约数。

引导孩子认识EQ

一般都认为IQ高的人比较会念书,长大以后也比较容易成功。最近却有很多研究发现,其实一个人是不是成功、觉不觉得幸福,和IQ高不高并没有多大的关系,反倒是受到

EQ 高不高的影响比较大。IQ 代表一个人的智力，EQ 指的则是管理情绪的能力。遗憾的是，孩子们对于 IQ 耳熟能详，对影响他们未来更深的 EQ 却可能连听都没听过。要帮助孩子成为 EQ 高手，父母可以从生活里选择合适的素材，透过轻松的游戏、亲密的对谈，自然而然地提升孩子对 EQ 的了解，深化孩子的情绪管理能力。

帮助孩子了解情绪、提升 EQ

孩子有情绪的时候，通常表示他们碰到了一些困扰。而即使在同样的情况下，每个人的情绪也可能不一样，这表示他们所碰到的问题也不相同。有的孩子对于自己的情绪比较不敏锐，连情绪来了都没有觉察，自然容易产生"迁怒""贰过"等不当的情绪行为。另外有些孩子则是知道自己心里不舒服，但搞不清楚到底是什么情绪？为什么而难受？也就很难从这些情绪线索找出解决问题的方向。

每一个孩子都是爸爸妈妈的宝贝，也许因为太疼爱孩子，舍不得孩子情绪不佳，因此在孩子碰到情绪困扰时，总是习惯告诉他们:"那没有什么好生气的。""不要难过嘛!他不跟你玩,你就找别人玩嘛!"或者是"他不理你是他的错,你不用担心"。

事实上,情绪本身不只没有对错好坏,更是我们重要的警示讯号。只要孩子不冲动行事,让他的情绪自然流露,并且细细体会自己的感受到底是什么,孩子反而愈来愈能辨别自己的情绪,也就愈来愈能掌握自己的情绪,成为EQ高手。

当小朋友拒绝你的孩子加入时

以一个生活中常见的情境为例:孩子的好朋友和一群同学正在玩游戏,却拒绝你的孩子加入。爸爸妈妈可以这样做:

1. 引导孩子探索自己的情绪,勾选出最接近自己感受的情绪字眼:

   (　)①生气、愤怒

   (　)②伤心、难过

   (　)③担心、害怕

2. 接着让孩子做一下小侦探,猜猜看以下ABC三种想法分别会带来①②③三种情绪类别中的哪一种,并将答案写在(　)里。

   (　)A 认为自己没有人缘,根本没有人想要和自己做朋友。

   (　)B 猜想自己是不是得罪了他,会不会失去朋友。

（　）C认为自己被背叛了，好朋友不应该这样。

3. 最后，再请孩子猜猜甲乙丙三种问题分别会导致ABC三种想法中的哪一种，并将答案写在（　）里。

（　）甲、你比较缺乏自信心，很容易责怪自己。

（　）乙、你比较容易悲观，容易小事变大事。

（　）丙、你可能比较冲动，容易意气用事。

　　*参考答案：1→C→丙　2→A→乙　3→B→甲

　　如果孩子有不同的想法，可以鼓励他分享，并给予适当的肯定。

17 为什么EQ检测能筛选出最合适的总统？

2008年美国总统大选进入倒计时之际，美国知名的双月刊《今日心理学》(Psychology Today)曾在他们的博客上提出一个问题："你认为什么样的测验最能筛选出适合入主白宫的总统候选人？"并将其中七个具代表性的答案刊登在十月号的杂志里，其中有四个答案和EQ有关。

1. 极乐之王（King of Cloud Nine）。指的是快乐、乐观的程度。快乐的人不只工作效率高、创意十足，身体也比较健康、精力充沛，而且对人友善、慈悲为怀。他们会为自己设定较高的目标，也比较能妥善处理困境与挑战，不容易被击垮。在多数情况下，乐观加上务实是实现梦想最有利的因素。

2. 将心比心（Heart to Heart）。也就是了解、同理别人感受的能力。投书者认为总统候选人应该接受EQ测验，因为研究指出情绪是影响一个人能否做出明智决策的重要因素。此外，高 EQ 有助于增进人际和谐与沟通技巧，现今的美国正需要一位高 EQ 的总统来重建国际名声。

3. 受到攻击时的反应（Under Fire）。 也就是受到挑衅、激怒时的反应。哈佛大学精神病学家丹尼尔·佛肯斯坦（Daniel Funkenstein）曾设计一个实验"压力面谈测试"，在未告知对方的状况下，要求参加面谈的人打开一扇被钉牢的窗户，然后观察受试者受挫之后的反应，在"对他人的敌意"以及"对自我的指责"等向度上给予评分。

4. 棉花糖测验（Mashmallows, Now）。 投书者建议总统候选人接受略变化的"棉花糖测验"，选择要马上得到一个较小的奖赏（一颗棉花糖），或者愿意等候一段时间以得到较大的奖赏（许多颗棉花糖）。因为延迟满足的能力关系着学业成就表现、自尊、理智的运用、预做规划以及处理问题的能力，甚至人际关系的掌握。

从《今日心理学》的这篇报导可见 EQ 的重要性逐渐受到瞩目。在台湾地区的确也一样，无论是家长、老师，甚至各行各业的负责人都认同 EQ 对日常行为、学业成就、工作表现的影响甚深。但到底该怎么做才能培养出高 EQ 的孩子？或许我们可以从上述这四项特质说起。

后天经验影响孩子的特质

乐观或悲观虽然有先天气质的差异，但后天经验的影响更大。如果周遭大人乐观居多（只要愿意再试试看就有机会成功）、能够肯定孩子的努力与成果（看得出来你这份报告做得很用心）、孩子失败时不会给予悲观性的指责（你就是这么粗心），以及孩子小时候成功完成任务、克服困难的经验较多时，孩子就能够发展出乐观的特质。

不曾感受到被了解的孩子，很难发展出将心比心的能力。如果家长能体认当孩子情绪来临时，正好是进行情绪教育最好的机会，不一味地压抑、谴责，而是愿意倾听、了解孩子的感受，孩子也就能坦然面对自己的情绪，因此也能敏锐地觉察他人的感受，并进一步地学习妥善处理。

适当的挫折经验提升挫折容忍度

目标受阻时会产生挫败的情绪是人之常情，唯有及时觉察才能调整受挫的情绪，不至于迁怒他人。这样的能力来自家长对孩子情绪的了解与接纳，以及对表达情绪的行为之引导与规范。适当的挫折经验也是提升挫折容忍度的最佳机会，家长不宜过度保护孩子，以免剥夺这项重要的学习。

至于延迟满足的能力，其最重要的基础是冲动控制。满足孩子的基本需求但合理限制额外的欲望，让孩子明确了解，唯有在特定的节庆日才能获得某些礼物；或者是孩子必须储存一定额度的零用钱，父母才能提供相对的资助，满足孩子的欲望等，都是帮助孩子发展延迟满足能力的方法。

希望孩子一生能够快乐幸福，IQ 与 EQ 两者不可偏废，更何况良好的 EQ 还是 IQ 发展的重要基石，重视孩子的 EQ 发展是家长的重责大任，在规划孩子的生活与教育时千万不要遗漏这重要的一环。

18
如何培养孩子的克制力？

情境一：逛百货公司时，四岁的孩子两眼发亮地盯着新款玩具，要求你买给他。你好言好语地告诉他家里类似的玩具已经非常多，拒绝了他的要求，只见孩子随即赖在地上大声嚎哭起来……

情境二：考试将近，正值青春期的孩子却没日没夜地玩游戏。你提醒他要适当地分配学习与休闲的时间，他就是无法自我克制，甚至在入夜之后偷偷地起床玩游戏……

这两种情况都是孩子"冲动克制机制"不成熟的表现。除了当下让父母非常头痛之外，如果在孩子成长的过程中未能得到适当的调整，即使孩子成年了，父母的担忧恐怕还无法告一段落。

棉花糖实验

假想一个四岁的小孩,跟着你到一位朋友家。朋友家只剩下一颗棉花糖,他正好要出去买点心。于是他告诉孩子:"如果你能等到我回来,就可以吃到更多颗的糖果;如果你一定要现在吃,那么我就只能给你一颗棉花糖。"你的孩子会做哪种选择呢?

心理学家发现有些孩子个性比较冲动,一刻也不能等待,宁可少吃一些也不要忍耐;有些孩子则会为了更大的目标而克制冲动、延迟满足。

更有趣的是,经过十几年之后,心理学家再去访问这些已经长大的青少年,发现当年选择延迟满足以获得更大报偿的孩子,多半成为 EQ 高手。他们不仅比较有信心、和别人相处得比较好,也比较能够克服困难、接受挑战,而且会比较能坚持自己的人生目标。

等待和忍耐的人生功课

有人说:"三岁到六岁最重要的人生功课,就是学习忍耐和等待。"所谓的忍耐和等待也就是克制冲动、延缓满足的能力。学前儿童从饿了就要吃、看到就要拿,到能够轮流荡秋千、排队拿点心,当中的差异就在于这个能力。

到了学龄阶段,孩子思考行动与后果的关联的能力增强,刚萌芽的克制机制如果能够继续得到滋养和浇灌,就可以体验延迟满足所带来的成就与快乐。譬如任何能力的养成,练习的过程可能枯燥无趣,但从不会到会却带来莫大的快乐。

进入青春期之后,由于认知能力的发展,孩子逐渐能思考更长远的后果,克制冲动的机制也愈发成熟,可以为了自己设定的目标延缓当下的满足。然而,除了随着年龄长大而提高之外,克制冲动、延迟满足的能力也需要不断地学习和锻练,才能逐渐造就面对挫败、克服困难、接受挑战,乃至坚持目标的态度。

心理学家发现,有意义的快乐才能持久,也才能带来深层的满足,克制冲动、延迟满足正是获得有意义的快乐不可或缺的基础。

> **心理学小词典**
>
> **棉花糖实验**
>
> 　　心理学家让孩子选择马上得到一个较小的奖赏（一颗棉花糖），或者愿意等候一段时间以得到较大的奖赏（许多颗棉花糖）。结果发现有些孩子会为了更大的目标而克制冲动、延迟满足。
>
> 　　经过十几年之后，心理学家再去访问这些已经长大的青少年，发现当年选择延迟满足以获得更大报偿的孩子，多半成为 EQ 高手。他们不仅比较有信心、和别人相处得比较好，也比较能够克服困难、接受挑战，而且会比较能坚持自己的人生目标。

不同时期，培养"克制冲动"的原则

为了帮助孩子发展成熟的"冲动克制机制"，父母可以这么做：

幼儿期： 学习分辨孩子基本的"需要"与额外的"想要"，不因为孩子哭闹就马上满足他，可以运用**转移注意力或者暂时隔离**（暂时停止活动，并将孩子带离现场）的方法，帮助孩子建立克制冲动习惯的基础。

学前期： 随着年龄渐增，以**肯定与鼓励**来强化孩子克制冲动的行为，逐渐取代暂时隔离法。尤其在团体活动中，更坚持遵守规矩、养成轮流与分享的好习惯。

学龄前期： 持续肯定和鼓励孩子克制冲动的行为，特别留意孩子在学习上是否能够克制冲动、延迟满足，得到更大的成就与快乐。**坚定地执行规范，以引导孩子了解行为与后果的连接。**陪伴孩子讨论他有兴趣的课程，藉此建立良性互动的基础。

学龄后期：针对孩子感兴趣的话题进行更多的对谈，协助孩子建立思考与解决问题的习惯，**让孩子在合理范围内从尝试错误的经验中，体认克制冲动与延迟满足的重要**。

青春期：陪伴孩子**进行自我探索与生涯规划**，引导孩子思考长远的后果，支持孩子为所设定的目标努力。当孩子面对挫败，更需要陪伴与倾听时，鼓励他们克服困难，体认等待与忍耐所带来的甜美果实。

19
四方法，帮助孩子克制冲动

新闻报导，某大学传出了一起疑似"罗密欧与朱丽叶"现代乌龙版的跳楼事件。除了在网络上引发青年学子如火如荼的讨论外，也令不少为人父母的摇头叹息："现在的孩子怎么会这么天真、这么傻？难道他们不曾考虑这么做会造成什么后果？不知道父母会有多难过、多心疼吗？"虽然这起跳楼事件的始末与原因版本不一，但事情的经过大致如下：一名女学生过了门禁时间还要外出，在学长或室友的怂恿下，女学生从高三米多的二楼宿舍窗户往一楼跳。由于学长及周遭的男学生来不及反应，女学生当场腿骨受伤送医，所幸没有危及生命。

情绪没对错，唯重掌握分寸

针对这件事情网络上意见纷纭，有人认为这件事"好浪漫"、有人说这不过是"年少轻狂"、有人质疑"大学生的常识判断",也有不少人认为"他们已经为一时的想法付出了代价"。事实上,这林林总总的回应正好点出了高 EQ 的核心概念:"情绪没有对错,但表现情绪的方式则有恰当或不恰当的差别。"

据说这名女同学事后曾表示"不知道自己当时为什么会那么傻",也就是说这个跳楼举动的确是未经三思的冲动行为。但无论是因为恋爱让人浑然忘我、不计后果,还是因为无聊让人渴望冒险、冲动行事,这一时冲动所造成的后果,远非当事人在做出这个举动之前所能够想象的。

浪漫情怀与冒险特质是青春年少的标记,然而当年事渐长回顾过往,这种激昂的情绪带给一个人的究竟是美好的回忆,还是无可挽回的遗憾,就看个人是否能够在行动上掌握恰当与不恰当的分野。所谓"人不轻狂枉少年,人太轻狂懊少年",差别就在于是否具有延长冲动与行动间的时间、在行动之前先思考后果,以及在险与危之间拿捏分寸的能力。

觉察、厘清情绪，做出较佳反应

在情绪刚开始发酵时就能够实时察觉、厘清，而非等到深陷情绪困扰甚至冲动行事后才发现事态严重，是高EQ的重要内涵。拥有这种先知先觉的能力，就有机会对情绪做出较佳的反应，避开"早知如此，何必当初"的悔恨。尽管浪漫情怀与冒险特质也有先天的差异，但透过后天的情绪教育，可以大幅度提升孩子克制冲动、思考后果的能力。有几个方法供大家参考：

方法一：帮助孩子建立"情绪红绿灯"的观念与图像。和孩子一起绘制一个红绿灯的图像，贴在家里醒目的地方，帮助孩子将图像牢记在心里。

向孩子解说，感觉到情绪很强烈或心中对于如何反应有一点儿疑惑时，就想象自己是处在红灯的状态，这时候要"停"，也就是暂时不采取任何行动。当情绪比较缓和之后，想象自己已经处在黄灯的状况，也就是进入"想"的步骤，仔细思考可能的行动及相应的后果，判断哪一个行动与后果比较恰当。一旦仔细思考过，代表已经处在绿灯的状况，这时就可以进入"行"的步骤,实际去行动了。熟记这个观念与图像的孩子,比较能够实时启动情绪煞车系统,控制冲动。

方法二:鼓励孩子进行"险而不危"的探索。教育与教养的目的在于建立孩子独立判断的能力,而非带给孩子恐惧害怕的情绪。过多的保护与限制可能扼杀好奇探索这项可贵的本能,但毫无规范与引导又可能导致伤害自己或他人的结果。

要帮助孩子发展拿捏的能力,最好的方法就是在合理的范围内让孩子进行"险而不危"的探索活动。透过这些经验的累积,孩子对自己的能力、个性、成熟度等条件将会有更客观清楚的认知,对于行动后果也就能做出更精准的评估。

方法三:以"自然合理的行为后果"法教养孩子。这个方法指的是,面临孩子与我们的意见相左时,在合理范围内和孩子讨论出几种可能的选择,并让孩子自由决定要采取哪一个方案,一旦孩子做了选择,就放手让孩子承担这么做所带来的自然后果,或者由父母亲执行合理的后果。

这种教养方式能够引导孩子体认自己的行动与后果之间的连结,强化孩子思考后果的意愿与习惯。

方法四:和孩子一起探讨后果。当孩子的行动导致不甚理想的后果，父母往往忍不住脱口而出"你看，我早就告诉过你"，这对于帮助孩子培养思考后果的能力是最大的忌讳。这时父母需要做的是同理孩子难过、懊恼、后悔等不舒服的感受，接着再和孩子一起探讨造成这个后果的原因。

生活从来不缺诱惑与危险，父母的接纳、鼓励与引导将能帮助孩子从中学习成长，逐步养成"三思而后行"的习惯。

20 留白，让EQ High起来

每年接近暑假时，总有家长会开始进行"长长的暑假该怎么帮孩子规划"的讨论，这让我想起之前一段有趣的对话。

有一次，一位妈妈带着儿子参加同学会，会场有不少年龄相近的孩子，因此一顿饭吃下来大人聊大人的、孩子玩孩子的，每个人都很尽兴。酒足饭饱之后，意犹未尽的妈妈们继续话旧，孩子们也玩得不亦乐乎，没人想离开。偏偏当天下午儿子有钢琴课，妈妈催促着儿子离开：

"承承，钢琴课的时间快到了，我们得走了！"
"我还想玩，我不要去上钢琴课。"
"老师说你下星期要表演的曲子还不太熟练，今天一定要去上课。"
"为什么小立都不必上钢琴课，我不要去！"

"我不管别人怎样,你今天就是得去上钢琴课。"

"妈妈,你等着瞧好了!"拗不过妈妈的孩子气急败坏地这么说着。妈妈听了心里一惊,不知道孩子接下来要如何语出惊人。

"等你将来老了,我一定要安排你星期一上英文、星期二学钢琴……暑假还要送你去参加夏令营!"

听到孩子那童言童语,当妈妈的啼笑皆非,旁人也不禁莞尔。但仔细想想,孩子这一句话其实蕴藏了许多高 EQ 家庭的诀窍与道理。

以同理化解情绪

EQ 的能力指标里有一项是"了解他人的情绪感受",愈能同理他人情绪感受的人,处理人际互动多半也比较顺畅和谐,亲子关系也是如此。做妈妈的如果能够预先想象这样的情境与孩子的心情,也许就可以调开钢琴课,或者另外安排聚会时间。

即使之前没想到可能会面对这样的情况，因而未能在出门前让孩子先做好心理准备，在兴头上突然终止玩耍，对多数的孩子来说都是一件难受的事情。只要妈妈能实时觉察并接纳孩子的情绪，告诉他："大家都还在玩，我们却必须先离开，你肯定很难受，但钢琴课没请假又非上不可。我们下次可以预先更改时间……"在坚持规范的前提下聆听孩子的情绪，多半不会受到太大的反弹。

生活记得要留白

另一个值得注意的重点是，许多爸爸妈妈在"为孩子好"的思维下，往往过于热衷帮孩子安排这、安排那，却忽略了孩子真正的需求与负荷的容忍度。一番美意受到误解，满腔热情导致怨怼，只能徒呼负负，大叹父母难为。

人类情绪受生理激发状态的影响很深，要建立高 EQ 的家庭文化，希望优游享受亲子互动，必得学会让生活留白。

在这个变迁快速、竞争当道的时代，因为开放多元，无论是知识、技能或才艺的学习，其样态与资源都比以往更加丰富。只要孩子愿意，永远有追求不完的知识与学习不完的才艺，但人类的体力极限、睡眠与休闲的需求并没有太大改变，疲惫、紧张与过度负荷所造成的负面影响依然存在。

当学习成为负担、生活没有留白时，亲子之间就很容易陷入因疲惫而导致的 EQ 低落、互动紧张。上述小男孩的话语某种程度上反映了对才艺课程的反感，爸爸妈妈也许需要重新思考"孩子是否乐在其中、会不会过度负荷"等问题。

人类情绪受生理激发状态的影响很深，不管大人或小孩，身体愈疲惫、愈紧张，情绪也就愈容易失去控制。当生活被各式各样的活动填满，步调被催逼着加快，身体也就愈容易处在紧绷的状态，并因紧张而造成 EQ 低落。因此，想要建立高 EQ 的家庭文化，希望优游享受亲子互动，必得要学习让生活留白。

三招，为家庭生活留白

怎么做，才能让家庭生活有适当的留白？

1. **提高自我觉察的能力**：如果自己常常责骂或处罚孩子，事后冷静下来却发现其实事情并没有那么严重，就必须注意省察是否步调过于紧张，生活没有留白。

2. **关注孩子的主观感受**：如果孩子经常抱怨爸爸妈妈陪他们的时间太少，或者是孩子的生活几乎被补习与才艺课填满，那么应该坐下来和孩子好好谈谈，重新思考到底哪些是必要的、哪些是可以舍弃的。

3. **积极规划留白时刻**：家人的亲密关系需要时间与空间的滋养，无论是一起做什么，规划一个充满乐趣、毫无压力的亲子互动时刻，就是家庭生活的最佳留白。

21
如何帮助孩子增强自信心？

朋友夫妇育有二子，大儿子自小聪明伶俐、学什么都快，上了小学之后功课不用父母操心的状态持续进行着，98分、100分如家常便饭，做父母的乐在其中，当弟弟的也亟思起而效尤。

小儿子上小学时，做妈妈的开始忐忑了起来。这个孩子反应没哥哥快，拼音一直学不来，想到孩子即将面对一连串的挫折打击，真不知道该如何滋养他的信心、维持他的学习动机。

班上第一次小考当天，这位妈妈中午等在学校门口，正想着如何带领孩子面对事实，却见孩子满脸灿烂地冲出校门，开心地挥舞着考卷，告诉妈妈："我考94分耶！"惊讶中松了口气的妈妈仔细一看，老师考了五题，而孩子只答对两题。

原来，在孩子面对人生第一次测验时，这位老师选择了以90分起跳的方式，鼓励孩子继续前进。

放宽心情看待孩子的学习

此外，老师还写了一封信给家长，说明考试的目的在于帮助家长和老师了解孩子的学习状况，而不在于让孩子感到失败挫折。虽然长期分数不可能这样计算，但希望家长能掌握这个精神，以维系孩子的学习乐趣。虽然缓慢，小儿子的拼音终究还是追上来了，而如图像一般的文字对于原就喜欢阅读的他来说，一点儿困难也没有。孩子在老师的鼓励和肯定下，学习渐入佳境，朋友夫妇深为孩子得遇良师而感到庆幸。

另一位朋友的女儿语言学习能力极佳，但刚开始学语文时，注意力分散度大的她常常不是忘了加标点，就是哪里少了一横或一撇。幸运的是，她也遇到一位循循善诱的好老师。无论是考卷还是作业，总见到老师在评语栏对她的会话、阅读能力予以肯定，再提醒她注意标点，等等。甚至有一次在她的作业本里写上："吃烧饼掉芝麻是难免的事情，下回要小心啊！"这样的说法让孩子感动，也提醒父母放宽心情去看待。随着孩子年龄渐长、经验日增，这样的错误逐渐消逝于无形。由于过往的考试经验并未消磨掉她的自信，孩子得以一路享受学习的乐趣，体验进步所带来的成就感。

愈挫愈勇的"豆芽菜哲学"

以自信面对挫折的能力是 EQ 的重要内涵之一，也是家长和老师非常关心的课题。多数的人相信愈挫愈勇的"豆芽菜"哲学，认为市场上的豆芽粗粗壮壮、水分多、卖相好，主要是因为农夫会给成长中的豆芽盖上一块布，让豆芽因为压力与危机而拼命成长。然而，如果豆芽上盖的是一块厚重的木板，压力超过它所能承受的极限，恐怕只会导致豆芽早夭。

零压力易造成零成长，过度的压力则导致一蹶不振，唯有适度的压力才是成长的最佳刺激。在自信的基础上去经历挫败，在肯定的支持中去享受历程，是培养不怕失败的孩子的不二法门。

拿捏压力的松紧原则

什么是适度的压力？松紧之间又该如何拿捏？以下有几个简单的原则：

1. **充足的成功经验**：提供机会让孩子发挥能力，并肯定他的投入与努力。让他体验成功，并经由反复练习奠定更扎实的基础。

2. **适当的挫折经验**：当孩子拥有自信之后，父母应避免过度保护，而要鼓励他接受难度稍高的挑战。经由克服困难的经验，累积"我可以做到"的能力感。即使失败了，只要父母能够肯定孩子的努力与进步，陪伴孩子探讨失败的原因，就能够帮助孩子记取教训，累积成功的资本。

3. **恰如其分的期待**：一个无法达到父母设定的标准的孩子，不管他实际上表现如何，内在都会感到自卑与无力，也因此容易陷入逃避或被挫折击败的困境。真心接纳孩子的能力与特征，才能推动孩子向前迈进。

22

你能侦测出家庭的压力吗?

每年九月,各级学校陆续开学,许多家庭恢复到一早赶上班、赶上学,入夜之后忙家务、忙功课的高压状态。

在路上碰到社区朋友,问起近况,多数人又开始抱怨:"孩子一早叫不醒,晚上又要催着做功课,好烦啊!"孩子的回答也颇有趣,多半是:"一开学就模拟考,好讨厌!""又要开始做功课,好累啊!"

尤其是孩子刚升上新的年级如一、三、五年级,或进入新的阶段如中学的家庭,除了生活作息的转变之外,还有新老师、新同学、新课程,甚至新的生活步调要面对,难免会有一段适应期。有的孩子突然上紧发条,做事积极主动了起来,让父母惊喜连连;但也有孩子适应不良,每天都在闹情绪,让父母担心不已。

有人说:"压力是人生的香料。"也有人说:"压力令生命黯淡无光。"事实上压力并不必然是件坏事，只要会构成身体负荷或消耗的事情都是压力，适当的压力让人更具生命力、活得更神采奕奕，甚至能够激发潜能让一个人表现得比平常更好。但是当压力过大、过多，或持续过久，而导致个人无法承受时，就可能对个人造成伤害。

从压力中汲取养分而不被它击垮

就像以压力锅烹煮食物，可以加快炖煮食物的效率，但操作不正确或压力过大时，却可能会爆炸造成伤害。由于社会变迁快速、高压力时代来临，为人父母的无不希望孩子具有足够的抗压性，能够从压力汲取养分而不被压力击垮。孩子的抗压性除了受到基因以及先天特质的影响之外，还受到童年家庭环境的影响。从观察父母如何面对压力，以及当自己碰到压力时父母如何引导自己去处理，孩子逐步建立起属于自己的压力应对模式。生活上的变化本来就是压力的一环，父母如果能趁此协助孩子去了解压力、提升孩子的抗压性，孩子的 EQ 必定能获得加分。要提升孩子的抗压性，可以从培养孩子察觉压力的存在、了解自己承受压力的极限开始，有了这个基础，才能进一步引导孩子发展多元的压力应对方式。

有一个简单、好用的"压力侦测器"活动（详见170～171页），可以增进大家对压力及压力承受极限的察觉与抒解，避免因压力太大导致情绪不佳，以及不自觉地造成家庭冲突。借这个活动，父母可以帮助孩子了解哪些事件对自己会构成压力，以及压力累积到什么样的程度时，自己会紧张不安或情绪暴躁。

家庭的每一位成员都可以制作一个属于自己的压力侦测器，不只可以增进家人间的相互了解与尊重，一旦察觉压力的存在，也可以一起讨论能够帮助全家放松或抒解压力的活动，如一起听音乐、做体操、喝茶聊天或各自回房静思等。

察觉压力、寻求适当的抒压管道，自然就可以避免不明所以地迁怒家人，进而提升家庭的 EQ。

家庭活动：制作家庭压力侦测器

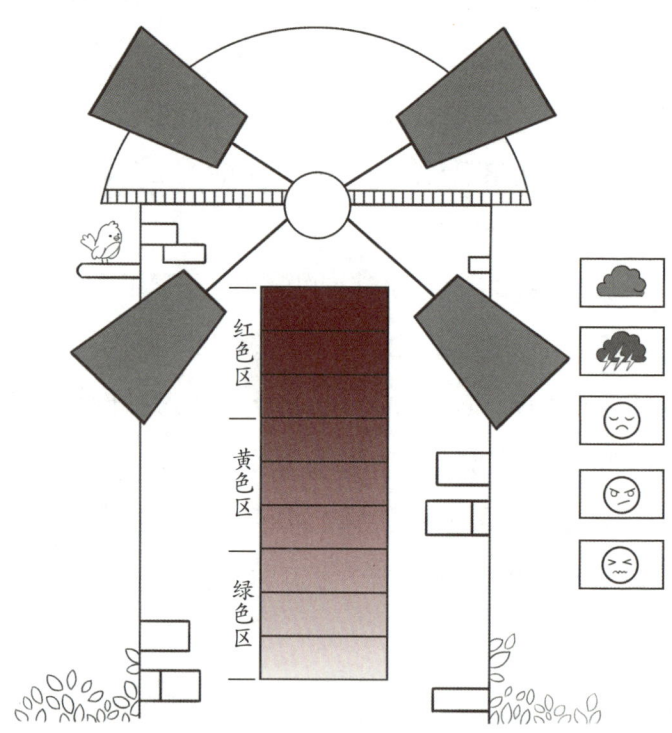

1. 首先，全家可以**一起动手**，或委请家中美劳能力最佳的成员以硬纸板、卡纸、彩色笔或其他素材，以房屋、压力锅或其他造型，制作一个压力侦测器。

2. 在侦测器上画出一条带有**10个刻度**的长条图，每一刻度代表一个压力事件。以过去的经验来推测，或者和孩子讨论他对于压力的容忍度，将长条图由下而上**分为安全、警告及危险三个区域，并分别以绿色、黄色及红色标示此三区域之刻度。**

3. 以卡纸剪出与长条图中的刻度一样大小的**压力事件卡**，卡片上可以画上阴天、打雷等气象符号，或者悲伤、愤怒等情绪脸谱，来代表生活中令人不舒服的压力事件。

23 别让分数打败EQ

这些年来推动EQ教育，不少义工告诉我，接受EQ教育义工培训课程之后，情绪管理能力确实有进步。"妈妈（爸爸）好像和以前不一样了！"几乎是每一家孩子普遍的反应，但也难免有孩子会爆料："只可惜啊！我爸（妈）的EQ在看到我的考卷（成绩单）时就会降到最低点。"

《论语》"雍也篇"里提到，哀公问："弟子孰为好学？"孔子对曰："有颜回者好学，不迁怒，不贰过。"孔子认为一个人如果能做到不因自己的情绪而迁怒于不相干的对象，以及觉察错误之后不再犯下同样的错误，就是一个好学的人。可见得孔子认为EQ是人生重要的学习课题，而"不迁怒，不贰过"是高EQ的极致表现。只可惜《论语》里并未明白指出要怎么做才能达到这个境界，多数人一辈子也做不到，只能慨叹"知易行难"。

事实上，EQ的提升与自我成长的轨迹比较像是"日渐成熟，减少犯错"，而不是"痛改前非，不再贰过"。即使是EQ很高的人，也难免会在时间紧迫、压力很大时，或者在自己最执着的课题上，降低了情绪管理的水平。心理学家保罗·艾克曼（Paul EKman）认为，触发情绪的根源是否容易去除受到好几个因素的影响，一个人学习这个触发源的年龄是其中之一。

换个角度想

台湾地区的教育虽然一直在追求与时俱进，但"万般皆下品，唯有读书高"的观念深植人心，即使自己成长过程中深受其苦，在当了父母之后，仍然难以放下对成绩表现的执着。因此即使在其他层面EQ已经明显改善，面对这个课题仍然需要更长的时间与更多的耐心。

艾克曼认为，要摆脱情绪失控最理想的方法是"对同样的事件不再产生导致失控的情绪"。研究发现当一个人经历某件事或行动时，会根据个人的习性、过去的经验、现在的状况等，对事件或行动加以解释，从而产生对事件的认知。

要改变情绪感受，必须先能调整对事件的认知，也就是我们常说的"换个角度想"。

不让分数主宰情绪

多数的父母拿到孩子的考卷时，会先看的都是孩子错在哪里，很少人会先注意并肯定孩子做得很好的部分。也有很多父母刚看到孩子的分数不错时心里颇高兴，但一看到全班的分数，发现孩子的表现并非名列前茅时，情绪顿时转变为沮丧、生气。由此可见，影响情绪的并非绝对的分数，而是我们如何看待学习与成绩这件事。

记得小女儿小学二年级时，有一次在月考刚考完那天，一回到家就告诉我："妈妈，我这次数学好像考 69 分！"我只说了："哦，真的有点儿奇怪。前几天，妈妈看你复习时明明都会的。没关系，等考卷发回来我们再看看是怎么回事。"几天后，她一进家门就兴高采烈地说："我数学考 96 分哟。"原来老师改卷时她从老师的桌子前面匆匆一瞥，就把数字给看反了。看到考卷的那一刻，我暗自庆幸自己没有被分数主宰，要不然孩子可能已经白白被骂了好几天。

父母必须认知到考试的目的在于帮助孩子自身、老师和家长了解孩子的学习状况，而不在于要让孩子感到挫折与愚笨，同时也要了解，肯定与鼓励最能促发孩子想追求进步的动力。

有了这样的认知调整，面对孩子的成绩时自然就能把焦点放在孩子究竟会了多少，有哪些地方不理解或不熟练，或者答题时容易犯什么样的错误，并给予适当的鼓励与引导，而不至于一味地生气、指责孩子。

延长冲动和行动之间的时间

然而"换个角度想"终究不是一件容易的事情。艾克曼认为当这个理想的目标还无法达成时，比较可行的是学习"不要在情绪冲动下行事，做出伤害别人的行为"，也就是接受情绪的存在，但控制表现情绪的行为。

许多父母都有过这样的经验，在情绪当下斥责了孩子，等事过境迁后才发现事情并没有那么严重，孩子也不那么可恶。然而覆水难收，骂出口的话，伤了人的行为，即使事后弥补，裂痕终究还是存在，如果能学习延长冲动和行动之间的时间，对于情绪管理将大有帮助。

更重要的是，如果父母能够深刻体认提升 EQ 的过程是缓慢而渐进的，只要能"错得更少、错的时间更短、更快弥补错误"就是很大的进步，也就能接受孩子的"贰过"，鼓励孩子逐步改善。

心理学小词典

摆脱情绪失控

心理学家保罗·艾克曼认为要摆脱情绪失控最理想的方式是"对同样的事件不再产生导致失控的情绪"。

研究发现当一个人经历某事件或行动时，会根据个人的习性、过去的经验、现在的状况等，对事件或行动加以解释，从而产生对事件的认知。要改变情绪感受，必须先能调整对事件的认知，也就是"换个角度想"。

三方式，考卷聪明签

影响情绪的并非绝对的分数，而是我们如何看待学习与成绩这件事情。父母面对孩子的成绩与考卷时，有三个不错的处理方式：

1. 让夫妻中情绪反应比较平和的一方负责处理考卷的签名事宜。
2. 看到考卷后先离开现场，做别的事情。
3. 沙盘演练要如何反应之后，再和孩子讨论考试的结果。

24

避开盛怒的暗礁

有一天很晚时,突然接到一位朋友打电话来诉苦与忏悔。原来她为了照顾因病在家里休息的小女儿,已经连着几天没能好好睡,再加上先生正好人在外面出差,一个帮手也没有的情况下,她真是身心俱疲、劳累不堪。

当天晚上,好不容易安顿好小女儿入睡。就在帮大儿子签联络簿时,赫然发现老师在联络簿上以红笔洋洋洒洒地写了一整页,述说大儿子数学周考有好多题目都是因为数字写得潦草,以至于写答案时抄错了数字,要求家长要确实检查孩子的功课,订正所有写得潦草的数字。她生气地斥责大儿子:"告诉过你多少次了,数字要写清楚,整齐。看看这个0,随随便便一撇,和6有什么不一样?为什么连这么简单的事情都不能要求自己!"

就在她愈骂愈凶时,厨房突然传来玻璃杯掉落破碎的声音。怒不可遏的她一走进厨房就狠狠地打了小儿子一下："你到底是在做什么？这么晚了还喝牛奶。还笨手笨脚的，连个牛奶都倒不好！"只听到小儿子怯生生地说："我看你很累，想要倒一杯牛奶给你喝，没想到被垃圾桶绊倒……"因为一时拉不下脸来，匆匆打发两个儿子上床睡觉的她，事后自责不已。仔细想想，两个儿子其实很贴心，犯下的错误也不至于需要如此严厉的对待。心情沮丧、无处可诉的她，就这样拨了我的电话。

避免情绪失控的五个步骤

情绪失控是情绪管理中最难的课题，也常常引发令人懊悔的后果。情绪失控通常是以盛怒作为序幕，因此避免在盛怒下斥责孩子，是父母的重要守则之一。然而在日常生活中，尤其是对于家有幼儿的父母而言，生活难免有蜡烛两头烧的高压力状况，陷入情绪高涨的盛怒状况时，如何悬崖勒马避免失控，确实是一个重要的课题。以下提供几个原则与方法供大家参考：

步骤1 注意身体的警讯。当身体处于疲惫紧绷,或者是负向情绪已经累积了一段时间时,只要再有一个情绪事件,不管是悲伤、焦虑或愤怒,都会比平常来得更强烈,也容易造成情绪失控。

如果能在疲惫与情绪累积到自己的承受极限前及时觉察,就可以避免一发不可收拾地爆发。我们可以藉由一些敏感度训练活动,提升对自己的身体状态与情绪感受的觉察,也可以通过记录日常生活,发现容易盛怒的日子与时段。

步骤2 暂停、放松、深呼吸。一旦觉察自己已经处在盛怒的状态,最好让自己先暂停任何行动,以防擦枪走火,接着再进一步以深呼吸或其他任何有效的方法来放松身体。只要身体放松下来,自然会感受到情绪的舒缓,理性也就能发挥作用。

步骤3 学习表达自己的情绪。"父母不是圣贤,情绪没有对错。"恰如其分地表达情绪不只对自己的身心健康有益,也能给孩子提供良好的示范,进而引导孩子学会尊重他人。

表达情绪的原则包括:客观指出孩子让你困扰的行为(你

把玩具放在走道上没收拾)、说明这个行为可能导致的后果(弟弟一不注意就会被绊倒受伤),以及说出你的感受(我真的很生气)。

步骤4 牢记亲子对话的禁忌。口不择言是盛怒的另一个副作用,然而如"你一辈子没希望""你真的是够笨"等强烈贬损或评价对方的话语,很容易对亲子关系或孩子的自尊造成难以弥补的伤害。因此在平时就要牢牢记住这些禁忌,尽可能避免让这样的言语流泄出来。

步骤5 勇于认错、积极修正。如果因为一时无法控制,违反了禁忌或误责了孩子,那么请务必在情绪平复之后,勇敢承认自己的错误,并且在之后的互动中积极修正。这么做不只提供给孩子一个"诚实面对错误,努力改善缺点"的良好典范,更让孩子充分感受父母的爱。只要有这份感受,孩子对父母犯下的错误通常是非常宽容的。

盛怒是EQ的暗礁,也是亲子关系的障碍。避开暗礁、克服盛怒不仅让自己的EQ加分,更为孩子提供最佳的学习典范,值得爸爸妈妈一起努力!

25
夫妻教养观念不一致，怎么办？

在某场演讲的 Q&A 时间里，一位年轻的妈妈问了我如下的问题："夫妻管教态度不一致，常常因此而冲突，该怎么办？"她同时举了一件刚发生的事情作为例子，希望能找到方法化解。

她儿子就读的幼儿园来了一位新同学，这位新同学很喜欢找儿子玩，但是力道掌握得不太好，因此儿子三天两头地总会带一点点小伤回来。有一天，当爸爸看到孩子手上的伤痕，不由得怒骂："不是早就告诉过你，要是有人敢欺负你，就要狠狠地打回去！下次再发生同样的事，回来后我要加倍处罚你，听到没有？真是没用！"听完这话，孩子吓得缩在角落里泪流满面。

她一方面心疼孩子在外受委屈回家还要挨骂，另一方面也担心这种管教方式会造成孩子"以暴制暴"，当场反驳："孩子又没错，为什么要骂他？再说打人就是不对，你怎么可以教孩子打人呢？"就在夫妻吵得不可开交时，儿子也愈哭愈大声了。

"不一致"是常态

"不一致"是许多夫妻在教养孩子时会产生的疑惑与困扰,也有不少夫妻为此心生嫌隙,甚至因而感情失和,两人渐行渐远。但事实上,"不一致"本来就是常态,尤其是夫妻在生活上交集很多,难免有意见不合的时候。但真正造成冲突的往往不是差异,而是讨论差异、面对冲突的方式。

当"不一致"出现时,夫妻双方如果能够对自己的情绪有所觉察,并能适当地自我克制表达情绪的方式,不在孩子面前大动干戈,甚至主动安抚对方的心灵,待双方都比较冷静了才进行讨论与协商,这对于孩子来说反而是一个难得的教育机会,让他们体认个别差异,也从中学习冲突处理的智慧。

1. 防患未然:夫妻共同生活久了,对彼此的情绪反应多半已有相当程度的了解,在什么样的情况下配偶会有什么样的后续反应,往往可以预测。

在上述事件中,如果妈妈想象得到当孩子叙述了在学校中被打的事之后,爸爸极可能严厉叱责,甚至动手体罚,那么为了避免问题愈演愈烈,最好能在爸爸一开始叱责时就采取行动，巧妙地化解冲突气氛，甚至适当地将孩子带离现场。否则在对方一阵辱骂甚至毒打之后才来排解，对孩子而言身心的伤害已经造成了，口头安慰也于事无补。

2. 异中求同： 化解冲突最佳的方法就是"异中求同"。简单地说，也就是夫妻管教原则不一致时，先不去凸显双方论点的差异，而努力找出彼此的共同点，并且积极表达。这样一来，既可以避开对立性的争执，又能够让对方感到被尊重。

了解并尊重个别差异

以上述事件为例，妈妈不认同爸爸以严厉的话语斥责孩子，也反对以"打回去"的方式处理孩子间的肢体碰撞，这是两人相异之处。但看到孩子身上的伤痕而感到不舍、心疼，以及希望孩子学会处理人际困扰的心情应该是一样的，这就是两人的相同之处。

许多人在这样的情况下，脱口而出的多半是："小孩子打打闹闹没什么好大惊小怪的，他被打已经够委屈了，你就别再骂了……"不只凸显了和对方意见的差异，"大惊小怪"一词也有指责对方不对的意味。

　　这么一来,当爸爸的很容易觉得不被尊重,或认为做妈妈的在故意唱反调,因而更加恼火。为了证明自己没错,抓住两人的差异大做文章,最后演变成夫妻斗嘴的情况,不只非大家所乐见,孩子更容易认定自己是造成爸妈争吵的罪魁祸首,落得一个全输的局面。

　　此时,妈妈可以在爸爸说话告一段落时,试着以自己觉得比较恰当的方式将爸爸内在的关切表达出来:"你看,爸爸很心疼你受了伤,好担心你被欺负……"如此一来,爸爸可以因此觉察自己想表达的其实是关心与担心,也不会因不受尊重而想要据理力争,更可以感受到夫妻对家庭的共同关切。等大家情绪降温之后,再来协商、讨论,共同面对问题,一定比较容易达到共识,激荡出好的解决方法。

　　了解并尊重个别差异是高 EQ 的表现之一,而如果能进一步包容甚至欣赏差异,那么人际间的许多冲突都将获得妥善的处理。夫妻的不一致也许是困扰的来源,但换个角度想,它也可以是让爸爸妈妈以身作则示范冲突处理、帮助孩子学习高 EQ 的绝佳机会!

26

四原则，帮助手足相亲相爱

"手足之争"多年来始终高居困扰父母问题排行榜的前几名。常常听到刚生下第二个宝宝的爸爸妈妈诉苦："看到孩子自己一个人常常会觉得他很无聊，才想要生个弟弟或妹妹和他作伴，谁知道老大很讨厌老二，一天到晚吵着要我把小婴儿送回去！"

有两个或更多孩子的爸爸妈妈可以注意一下，日常生活里是否经常出现附表的状况（"偏心指数"自我小检测）。上述行为意味着，爸爸妈妈对于什么样的表现才是"好孩子"，有相当牢不可破的刻板印象，对于排行角色的看法相当固着，对于自己的偏心则不容易察觉。一般而言，勾选的项目愈多，家里的手足纷争通常比较多，兄弟姊妹之间的心结也比较重。

在有些家庭里，这个问题甚至会一路延烧，伴随孩子长大。一位两个儿子都已经是青少年的朋友发牢骚说："一天到晚吵个不休，真不知道要到什么时候家里才有安静的一天。连在外人面前都会互相吐槽，让我这个做妈妈的好没面子。"殊不知，抱怨的可不只是爸爸妈妈，孩子也常常为了兄弟姐妹的关系而不愉快。记得有一次到女儿的班上带晨光活动，和孩子谈论到最讨厌的人时，十个孩子里竟有八个最讨厌的对象是兄弟姐妹，觉得父母偏心的比例相当高。父母生两个或两个以上的孩子，多半是为了让孩子在人生的道路上有手足相伴，在需要时互相支持。谁知道，明明是为孩子着想，却常常落得两面不是人，只能感叹"手心手背都是肉"，只能期待孩子长大懂事后能够和平相处。

以下几个处理手足纷争的原则，提供给大家参考：

原则一：接纳孩子对手足的情绪，引导孩子适当表达。 常听到父母说："你怎么可以讨厌哥哥（姐、弟、妹）？！"其实，所有的情绪都是极其真实而自然的，交情再好的人，也可能在某些时候会觉得对方很讨厌。

以"你很不喜欢他……是吗？""你一定很气他……"之类的话语接纳孩子的情绪，能够帮助孩子缓和情绪。接着再引导孩子，以适当的方式表达对手足的情绪，例如："你可以把你的感受写出来或画下来……"

原则二：坚持行为准则，而非扮演仲裁的角色。 譬如某个孩子打了兄弟姊妹而必须被处罚时，如果父母说"因为你动手'打人'，所以必须接受处罚"，你所坚持的是行为规范；但如果你说"因为你打'弟弟'，所以必须接受处罚"，孩子听到的重点将会是因为"弟弟"而非"打人"被处罚，对手足的怨恨也就会更深。

原则三：创造"生命共同体"的互动情境。譬如亲友送了两个不一样的礼物要给家里的孩子，但没有指明哪一个给哪一位时，最好是由孩子自行讨论决定哪个归谁。如果争吵不休、没有结论，所有的礼物就归爸爸妈妈所有。孩子不只学会如何协商，更将从这个过程中学到，唯有手足合作才能获得最大利益。

原则四：不做善意或非善意的比较。无论是善意"你比姐姐体贴多了"，或者非善意"你为什么不能像姐姐那么体贴"的比较，都会强化手足间的竞争，而建立在竞争基础上的关系，很难真诚和谐。只要对自己是否偏心有所察觉，并且确实掌握上述几个原则，手足间的纷争就会大幅减少。然而，不要忘记"孩子终究是孩子"，生命的成长需要耐心地等待。即使父母处理得宜，孩子也不会永远不争吵，但期待孩子逐渐成熟并日渐亲密，却不会是一个空幻的梦想。

"偏心指数"自我小检测

状况	勾选
1. 常说"你为什么不能像哥哥（或姐姐、弟弟、妹妹）一样？"或者"姐姐（或哥哥、弟弟、妹妹）要是能像你一样……就好了"。	
2. 常说"大的本来就该让小的"或者"小的要听哥哥（姐姐）的话"。	
3. 总是自然地对老大要求较严，对老幺要求宽松。	
4. 老是觉得某个孩子比较顺眼。	
5. 某个孩子常来告手足的密、打小报告。	

说明：当勾选的项目愈多，家里的手足纷争通常比较多，兄弟姐妹之间的心结比较重。

27
玩笑开过头,怎么办?

有时候,太久没见到好朋友,孩子会特别兴奋。朋友六年级的儿子就因为情绪高涨以至一时失控,不经意地对好朋友开了个大玩笑,没想到好朋友从此不理他。既懊恼又难过的他为了这件事情非常困扰,甚至影响到学习情绪。

类似的问题也发生在家庭互动中,演讲的场合经常有人提到,家中长辈或者配偶,虽也爱孩子,表达方式却很奇怪。譬如把小孩当玩具逗弄,惹得孩子难受生气;取笑孩子的朋友;讲些伤人的笑话等。孩子也许不敢说什么,但私底下对这样的长辈总是没好感,甚至产生嫌恶。

事实上,开玩笑在人际关系中有其角色与功能。适当的幽默带来欢乐共感,是友谊的润滑剂,也能制造轻松愉悦的气氛,是社交的缓冲器。不当的玩笑则会引发人际间的误解与冲突,为双方带来负面情绪。被开玩笑的人可能觉得被羞辱、欺负，进而对开玩笑的一方产生厌恶的情绪，并逐渐造成情感隔阂或破裂。

开玩笑是否得当，一般而言有几个判断的准则：亲朋间开开玩笑多半不会令人生气，旁边的人听来也不觉过分；即使偶尔感到生气，也很容易被抚平。不当的玩笑却会造成伤害，令对方感到愤怒，也不易化解。

玩笑要开得恰到好处，需要好的人际EQ。譬如说：对于玩笑的严重性是否有合乎常理的判断、能不能够敏锐地觉察并且尊重被开玩笑者的感受、有没有能力迅速修补玩笑所造成的不快等。上述这些能力都需要孩子从生活中敏锐观察、汲取经验并逐渐修正，因此当孩子为不当玩笑而遭遇人际挫折时，也是帮助他提升人际EQ的最佳时机。

碰到类似的问题，父母可以试着这么做：

1. 同理孩子的难过与懊恼：同理孩子的难过，让孩子知道，爸妈了解他对友谊的需求，也关切他所碰到的困扰。会懊恼的孩子多半已经知道自己的行为有不当的地方，父母再加以指责，如："谁叫你当初要……""你就是(太冲动)……""如果你不……就不会……"等，不只于事无补，还会让孩子更沮丧，反而不容易放下情绪、面对问题。

2. 引导孩子澄清问题焦点：澄清问题是顺利解决问题的先决条件。如果孩子觉得自己只不过开个玩笑，却经常引发别人的不舒服与愤怒，而旁观者也常觉得："你讲得太过分了！"多半表示孩子对于不当玩笑的判断和一般人有落差。

如果不常发生这种困扰，那么问题可能来自一些偶发的因素，譬如开玩笑的一方兴奋过头、被开玩笑的一方刚好心情低落，或者开玩笑的场合不当等。针对偶发事件只要赶快道歉弥补即可，如果是经常性的问题，就要和孩子一起去探讨自己的盲点究竟在哪里。

3. 界定不可开玩笑的范围：有些孩子会说："我只不过说他……""那又没什么……""他还不是这样说我……"等，但明确要求孩子尊重每个人都有他自己的地雷区域，开玩笑一定得限定在双方都同意、有默契的范围里。

不管孩子自己多开放，可以接受的玩笑范围多广，只要是别人觉得不舒服的主题，就不适合拿来开对方的玩笑。

父母应明确要求孩子尊重每个人都有他自己的地雷区域，开玩笑一定得限定在双方都同意、有默契的范围里。此外，天生的缺憾、伤痛的过去，也都不适合作为玩笑的主题。

4. 注意别人的反应讯息：玩笑带来欢乐，开别人玩笑的人乐在其中，往往也容易进入一种比较激动兴奋的状态。因此，被开玩笑的人表示不高兴时，讯息比较容易被忽视。父母可以提醒孩子注意别人发出的讯息，当对方再三表示不高兴时，务必要适可而止。

父母之爱，除了了解与接纳，也包含引导与规范。经过上述的互动，多数的孩子就能够深刻地体会与开玩笑相关的人际界限。当孩子已经为错误感到懊恼悔恨时，父母一定要坚定地鼓励孩子确实付诸行动，向对方道歉，并尝试弥补裂痕。如果这个开玩笑的人是家里的长辈，甚至就是父母自身，那么恐怕大人必须先有自觉，才能逐渐成为具有高 EQ 的玩笑高手！

28 当孩子沉迷电玩

只要一放长假，就会有父母抱怨，孩子放假在家百般无聊，整天窝在电视、电玩与电脑前，因为这"三电"的使用所引发的亲子冲突也比平日多了起来。听着爸爸妈妈描述孩子无法自拔的沉迷状态，脑海里不禁浮现英国当代著名文学家托尔金所著作的"魔戒三部曲"。

"魔戒三部曲"是当代最负盛名的奇幻小说，在这部文学作品里写着：距今约五千四百余年前，天魔王米尔寇的大将索伦打造了一枚至尊魔戒，并且以该戒的魔力来统御和压制其他拥有极大力量的魔法戒指……拥有至尊魔戒的人在必要时戴上它，可以让自己隐形而避开一些麻烦，但是如果经常使用，他就会渐渐地褪化，最后会永远地隐形，被迫在管辖魔戒的邪恶力量之下，游走于幽界之中……

现代社会的"魔戒"

凡是看过《魔戒同盟》的人,大概都会被故事里正义与邪恶对抗的惊险气氛所吸引。但是我们也许没有想过,这本书所描述的正邪对抗不只存在书中的奇幻世界里,也存在现代人类的社会中,甚至存在于每个人的心灵深处。

对于现代的孩子来说,电视、电玩与电脑大概是生活中不可或缺的工具;但是,孩子不见得能够体认到,这些东西其实就如同魔戒一样,在带给人们很多好处的同时,也潜藏着许多不知道的危机。

对于一个心智成熟的人而言,这些科技产品是增广见闻、求取知识、休闲娱乐,或与人交往的极佳工具,就像戴上魔戒可以拥有很多力量一样。但心智不成熟的人却很容易沉迷于它所带来的感官上的麻醉与快乐,失去了自我控制的意志。就像最后被魔戒掌握的人一样,一直想要戴上魔戒,沉沦在声光影像的世界,不断地追求它所带来的短暂快乐,却失去了人类最可贵的思考与判断的能力,也失去了体验生命中深层快乐的机会。

帮助孩子不被"魔戒"控制

有许多心理学家研究电视、电玩与电脑游戏中的暴力对于儿童及青少年的影响,结果发现观看暴力行为的确会增加人和人之间的肢体冲突,而儿童青少年受到的影响更大。

也有一些社会学的研究发现,因为传播科技的发达,以及某些没有社会公益概念的企业为了赚更多的钱,不知节制地推出不适当的节目及商业行为,对儿童和青少年的成长产生了很大的害处。

现代的儿童逐渐失去了童年的真正乐趣,青少年犯罪的比率和残暴程度也比以前更为强烈。唯有了解、避开它的害处,善用、掌握它的好处,孩子才能够健康地成长,成为e时代的好公民。

在《魔戒同盟》这部作品里,主角佛罗多因为具备了智慧、勇气以及毅力,因此被选为魔戒的护持者,并且在几位具有正义感的精灵、矮人、皇族,以及对他忠心耿耿的好朋友陪同之下,将魔戒送到魔王之境的末日火山予以摧毁。

同样的,要成为掌握科技而不被科技控制的聪明人,也需要智慧——对于知识的喜好和掌握、能够思考和判断的勇气，和能够控制使用时间与目的的毅力。经由充分地沟通、和谐地约定，以及坚定地执行，长假将成为帮助孩子建立智慧、勇气与毅力的最佳时机。

孩子被"魔戒"控制了吗?

请尽量按照孩子的实际状况回答下列问题:

1. 孩子每个星期花多少时间看电视、打电玩,或使用电脑?

   (A) 4小时以内

   (B) 4~7小时

   (C) 7小时以上

2. 孩子在看电视、打电玩或使用电脑时的自我控制能力如何?

   (A) 时间到就自动关掉

   (B) 经过别人的催促后会关掉

   (C) 会忍不住要一直看下去或玩下去

3. 不能看电视、打电玩或使用电脑时,孩子通常的感觉是?

   (A) 没关系,还有很多其他好玩的事情可以做

（B）可以忍耐，但是心里会一直想要看或玩

（C）无法忍耐，一定想方设法偷偷地看或玩

◎如果你的选择大部分是 A，那表示孩子目前大概还没有陷入诱惑之中，也拥有很大的机会去善用这些科技产品，而不是被它们操纵。

◎如果你的选择大部分是 B，那么你必须协助孩子发展自我控制的能力，避免孩子不知不觉地上瘾，成为科技的奴隶、消费世界的牺牲者。

◎如果 C 是你的主要选择，表示孩子可能已经上瘾，需要更多的协助才能逐渐摆脱这些科技产品的控制，学会妥善地使用、驾驭它。

29
培养乐观的孩子

前些日子为了准备一场以中年为主题的讲座,重新阅读关于中年危机的相关研究,发现了一个有趣的资料。

对上一个时代的父母而言,"空巢"是许多人熟知的中年危机之一。指的是对子女的成长投入过多的心力,以至于当孩子长大离家时,内心感到彷徨无依、失落无比,尤其是母亲这种困扰更为严重。有趣的是,近几十年的研究倒发现,对现代父母来说,"空巢"期待的落空所带来的困扰与危机,竟比"空巢"危机的比例更高。

由于时代变迁,现代妇女的独立性强、自主性高,再加上妇女成长活动蓬勃发展、志愿服务蔚为风气,愈来愈多的妇女在孩子逐渐成长的过程中,已经在准备重新安排自己的生活,期待着更自由的时光。未料愈来愈多被称为"啃老族"的年轻人在该独立时又回到家庭,继续依靠父母的照顾及经济支援，为中年晚期的父母带来新的焦虑与困扰。

年轻的一代是有史以来平均学历最高的一代，但相对的内心觉得自己失败、无望的感受较深，有人际关系困难、缺乏生涯目标的人也较之前的时代来得多。这种"高学历，低生存能力"的矛盾现象或许可以用"习得性无助"的心理现象来解释。

"习得性无助"的心理现象

心理学家把狗分成三组，第一组的狗只要用鼻子去推墙壁上的一块板子，就可以终止地板上的电击；第二组的狗是连坐组，它们所受到的电击和第一组相同，但不管它们做出什么样的行为都无法自行终止电击；最后一组的狗是完全不受电击的幸福狗。

有了这些经历后，把这三组狗放进三个用栅栏隔成两半的实验箱，其中一半的地板是通电的，对于所有的狗来说，要跳过这个矮栅栏到没电的那一半并非难事。第一和第三组的狗很快就学会只要跳过栅栏就不会被电击了；奇怪的是，第二组的狗即使看得到矮栅栏的另一边,却什么都不尝试,它们呆坐在这一半接受固定时间的电击,好像完全放弃了希望。

这种现象叫作"习得性无助",也就是从过去一再挫败的经验学到"做什么都无济于事"的概念,对未来采取放弃、绝望的消极态度。后来以人为对象的研究也得到类似的结果,经历过太多挫折与失败的人很容易悲观、绝望,碰到困境总是很快地就放弃。

"乐观向前行"的强心剂

台湾地区的孩子升学压力大,求学过程多的是挫败的经验,即便后来考到不错的大学,高中阶段也经常要面对分数不堪入目的窘境,许多孩子从小就在内心认定"我不行、我没办法"。再加上负面报导充斥在媒体上,以及过早接触过多即使大人也无力扭转的问题,例如全球性金融风暴、环境恶化、经济寒冬等,太多的挫败让孩子对自己、对社会失去积极与热情。

所幸研究也发现,大约有三分之一的人天生挫折容忍度就高,即使经历挫折,仍然能够乐观地向前行进;而除了这三分之一的幸运儿之外,通过后天的教育,特别是从小扎根,仍可以大幅度提升挫折容忍度,预防"习得性无助"的发生。

> **心理学小词典**
>
> ### 习得性无助
>
> 心理学家把狗分成三组施予电击,其中一组的狗不管做出什么样的行为都无法自行终止电击。
>
> 接着这三组的狗都被放进用栅栏隔成两半的实验箱,它们只要跳过栅栏就不会被电击了,但这一组的狗即使看得到矮栅栏的另一边,却什么都不尝试,只呆坐在那儿接受电击。
>
> 这种现象叫作"习得性无助",换言之,经历过太多挫折与失败的人很容易悲观、绝望,碰到困境总是很快地就放弃。

预防"习得性无助"的三大处方

以下三个方向不只是研究结果,也非常具有实务意义,值得参考:

1. **以身作则,为孩子提供乐观的楷模**:孩子周遭的成人愈是将挫折解释成暂时的、特定的、外在的原因,如"毒奶粉事件只影响了部分的民生用品,只要追查清楚,过一段时间情况就会变好",孩子也会耳濡目染,学习以这种乐观的解释心态去面对困境。

2. **就事论事,增强孩子积极面对挫折的态度**:孩子碰到挫折时大人如何批评他,是另一个影响深远的因素。面对孩子的错误,如果父母和老师常说的是"你就是这么粗心大意""你怎么这么笨,教这么多次还不会",孩子就容易认定自己本质如此,无法改善。

3. **接纳支持,帮助孩子渡过生命中的危机**:童年时期曾经克服危机的孩子，比较能够乐观面对挫折。这几年的社会经济状况对许多家庭来说都是考验，无论是学习过简约生活，或为改善生活做更多的尝试，只要大人笃定地带领孩子一起渡过，孩子自然能从这些经验中提炼出乐观向前行的力量。

30 从"心"出发，走出逆境

朋友的儿子毕业于还不错的大学，服完兵役回来，却因为碰上金融海啸而屡屡碰壁，对于刚进入社会的新鲜人来说，挫折不小。再加上孩子个性善体人意，不愿父母操心，心里难受也不怎么说，妈妈看在眼里，就是心疼。

有一天，妈妈问孩子："你心目中理想的工作是什么？"孩子带着苦中作乐的豁达，回应妈妈："这么不景气的时候，是工作选我不是我选工作。有工作就很幸福，只要有机会做的就是好工作！"听到这句话，妈妈心中可放下了一块大石头。

事实上，找工作固然不容易，放下身段才是真正的困难。近几年等着加入职场的年轻人，正好成长于最繁荣的年代。童年富裕，长大之后却必须面对愈来愈激烈的竞争，与愈来愈紧缩的经济。能否安然渡过，就看孩子有没有勇气去面对挫折与压力，有没有弹性去调整心态和身段。

"能屈能伸大丈夫"是千古不变的道理，也是因应变迁的最佳态度。在这个普遍低迷的年代，正向心理学的几个研究成果值得我们参考，只要能掌握以下几个原则，就能够发展出有弹性的高 EQ 特质。

1. 厄运不会一辈子。在历史长河里，从来不缺天灾与人祸，经济萧条、不景气终究会过去。从个人的生命来看也一样，某一个时期或某特定情况下非常困扰的问题，放大到整个生命背景来看可能微不足道。培养纵横历史的宏观思维，多看看否极泰来的例子，告诉自己"厄运不会一辈子"，才能够在机会来临时东山再起。

2. 挫折只是一部分。同样放无薪假，同样沮丧难过，有些人依然是个贤良的伴侣、热情的朋友，仍旧维持着运动的好习惯、正常的作息；有些人则像骨牌倒塌，从此一蹶不振，陷入情绪的泥沼，失去生活的乐趣，忽略家人的存在，也拒绝朋友的关怀。懂得将挫折限制在它原有的位置，提醒自己"挫折只是一部分"，就不会全盘皆输。

3. 持续地发挥特长。一位从事水电业的朋友，在工作青黄不接的情况下，选择投入社区服务度过无薪时光。他不只为社区的弱势家庭提供免费维修，也主动为一般客户提出省电省钱的点子。虽然收入减少，但发挥所长、服务别人所带来的快乐，让他的精神生活不至于匮乏；和客户一起度过困难时期的做法，也带来更多的信任与委托。

4. 转弯处别有风光。 人生难免碰到障碍。来自内在的障碍，可以通过自我成长去克服；来自外在环境的障碍，则让人不得不转弯。原定的目标无法达成固然难受，但也有不少人因此看到其他的可能性。学习对更多的事情说"好"，更积极地去尝试不同的经验，转个弯，才有机会看到不同的风光。

5. 不忘身边有依靠。 许多研究证明，积极正向的朋友互动与家庭关系，可以缓和、降低困境所带来的压力。所谓患难见真情，困境会让我们更容易感受到朋友、家人对我们的支持与付出。除此之外，生活里还有许多值得依靠的元素，无论是阅读、运动或艺术等，都可以在不花钱的状况下，丰富我们的心灵，让我们"即使面对匮乏与矛盾，仍然可以活得很有意义"。

我认识一位拥有硕士学位的菲佣，因为菲律宾工作机会难寻，不得不漂泊异乡，从事和生涯规划相去甚远的工作。然而，她选择以勤快、负责，甚至愉快、乐观的态度面对上天为她安排的道路。她告诉我，虽然不太可能继续攻读博士学位，或者找到专业领域的工作，但她梦想着以这几年在台湾努力工作所得，回到家乡开一家书店，谋生之外也能满足自己对知识的好奇。

人生如登山，当攻顶的道路无法扶摇直上，只要愿意从"心"开始，就有机会随"之字型"的道路盘桓，在顺境与逆境交替中，逐渐向前迈进、向上提升。

附录 1 天生气质负向标签与正向描述转换表

1. 活动量高	活动量低
调皮捣蛋→精力充沛	无精打采→沉静的
坐不住的→很有活力的	慢吞吞的→从容不迫的
2. 规律性高	**规律性低**
龟毛的→很有规律的	难以预测的→有创意的
啰唆的→讲求秩序的	没规矩的→有弹性的
3. 反应阈高	**反应阈低**
神经兮兮的→很敏锐的	粗线条的→不挑剔的
挑剔的→感觉细腻的	没感觉的→不会大惊小怪的
4. 反应强度强	**反应强度弱**
惹人讨厌的→引人注目的	没反应的→内敛的
粗野的→活泼的	没特色的→温和的
5. 适应性高	**适应性低**
没主见的→随遇而安的	很难适应的→冷静旁观的
善变的→能妥协的	慢半拍的→需要时间的
6. 情绪本质正向	**情绪本质负向**
不正经的→热情洋溢的	爱发牢骚的→喜欢分析的
过度乐观的→快乐开朗的	很难讨好的→有选择性的
7. 趋避性倾向趋	**趋避性倾向避**
莽撞的→充满勇气的	胆小的→谨慎的
冲动的→勇于尝试的	畏缩的→保守的
8. 坚持度高	**坚持度低**
固执的→意志坚强的	没毅力的→容易妥协的
倔强的→不轻易屈服的	没耐心的→喜欢新奇的
9. 注意力分散度高	**注意力分散度低**
容易分心的→充满好奇的	自我中心的→很专注的
心不在焉的→一心多用的	挂一漏万的→浑然忘我的

附录 2 适性教养的特殊性原则

情绪特质	向度	教养诀窍
情绪本质	正向	●优　　势：笑脸迎人，受人欢迎 ●弱　　势：心里难过时，脸上可能还是笑眯眯的，情绪上容易"内伤" ●教养诀窍：不要被他"迷人的笑容"给蒙蔽了，以为他不会有负面情绪，多留意他会以什么样的方式表达负面情绪
情绪本质	负向	●优　　势：先天下之忧而忧，后天下之乐而乐 ●弱　　势：容易悲观，不易快乐 ●教养诀窍：不要太在意他的表情，要仔细区分是真的情绪困扰还是习惯性的情绪表达；引导他把这个特质发挥在评论、改进现状的方向，学习在人际的领域里自我克制
情绪频率	高	●优　　势：对自己和他人都很敏锐，容易掌握情绪讯息 ●弱　　势：过度敏感，容易作茧自缚 ●教养诀窍：不要压抑他的感受，这样的孩子通常艺术性也较强；给他提供建设性的情绪表达，避免沉溺在情绪里
情绪频率	低	●优　　势：稍有情绪表现，不会太对别人构成干扰 ●弱　　势：很容易被认为太迟钝、没情趣 ●教养诀窍：多引导他去体会自己的情绪，在生活中丰富他的感受
情绪强度	强	●优　　势：情绪大起大落，充满活力 ●弱　　势：负面情绪表达太过强烈，容易引起人际纷争或者冲突 ●教养诀窍：肯定他的正面表现，协助他区分情绪的强弱，并建立丰富的情绪词库，学习以语言恰当地表达情绪
情绪强度	弱	●优　　势：情绪起伏不大，不会偏激 ●弱　　势：容易给人冷感、没有情趣的印象 ●教养诀窍：鼓励他学习分辨自己的情绪，并以语言表达出来，或者强化肢体语言，丰富他的表达方式

情绪特质	向度	教养诀窍
情绪持续度	持久	● **优　势**：情绪会驻足停留，比较有机会去省思 ● **弱　势**：如果沉溺于情绪太久，由于无法抒解挣脱，容易对身心造成负面的影响 ● **教养诀窍**：鼓励他发展多元的情绪处理方法，并懂得适当地踩下情绪刹车
情绪持续度	短暂	● **优　势**：不会耽误在情绪里头，容易相处 ● **弱　势**：因为情绪总是很快就雨过天晴，无法从中记取教训，容易重蹈覆辙 ● **教养诀窍**：帮助他记录并整理情绪事件，从中提升对觉察情绪及解决问题的能力
情绪复杂度	高	● **优　势**：对于情绪的体会可以丰富创作的内涵 ● **弱　势**：容易给人难以捉摸、不易了解的印象 ● **教养诀窍**：引导孩子扩展情绪语汇，鼓励孩子分辨情绪，以语言表达自己的情绪感受
情绪复杂度	低	● **优　势**：不容易被误解，情绪沟通比较无障碍 ● **弱　势**：对于比较复杂的情绪难以理解与分辨 ● **教养诀窍**：帮助他了解别人的感受，尊重个别差异
情绪爆发度	快	● **优　势**：心直口快，给人爽朗的感觉 ● **弱　势**：不假思索，有时候容易失控 ● **教养诀窍**：强化孩子对于情境及他人的观察与了解，学习在觉察到情绪的第一时间放松肢体
情绪爆发度	慢	● **优　势**：有时间三思而后行，比较不容易出现情绪失控的状态 ● **弱　势**：情绪表现有时间落差，容易与旁人显得格格不入 ● **教养诀窍**：增强社会情境的判读能力，以及表达情绪的方式

附录 3 教养锦囊妙语

★ 父母扮演的是园丁角色,只要能够了解孩子的天生特质,给他需要的沃壤,他就能长成最好、最适合自己的样子。

★ 每一种天生气质都有优势与劣势,如何发挥所长、弥补所短,是孩子一生的功课。

★ 注意到孩子已经快坐不住时,可以叫他起来帮忙擦黑板、发考卷,或帮忙倒杯水等。

★ 气质没有好坏,就看我们是否能够自我调整,试着去当孩子的"知心人"。

★ 负向标签会影响孩子的自我概念,能够分辨孩子的气质并避免负向标签,在后天教养上绝对有加分的效果。

★ 在引导孩子表达感受的同时,也示范了如何表达对别人的欣赏与肯定,孩子需要父母了解,父母做对了,还得"等待"。

★ 父母的任务不在于改变孩子,而在于帮助孩子经由自我了解、自我肯定,最终发展出自我调整的弹性机制。

★ 不要为孩子做他应当、也有能力自己做的事情,鼓励他在自己的能力范围内自主地选择,肯定他的成功、支持他面对挫败。

★ 真正的民主,是在一个人思考判断能力范围内赋予选择的自由,并让他承担随之产生的责任。

★ 爱,让孩子学会珍惜自己;管教,则让孩子学会尊重他人。

★ 善用"我讯息",充分表达父母的感受和想法,让孩子在考量父母的需求下,愿意调整自己的不当行为。

★ 接纳孩子独特的感受与行为模式,但温和地坚守该有的规范,是管教孩子的基本原则。

★ 过多的选择带给人们的往往是弊多于利、禁锢多于快乐。

★ 深层的快乐,也就是说这个经验必须富有意义,快乐的感受才能持续,并成为幸福的来源。

★ "共感"是亲密关系最重要的基础。创造心有灵犀的片刻,享受正向情感的交流,正是建立亲密关系的妙方。

★ 钱带给人的满足多属于短暂的快乐,家人间真挚亲密的爱与关怀则能引发长久的快乐。

★ 家人间的互相接纳与欣赏,能够带给人正向的情绪感受,并强化正向人格的构建,这些都是快乐与幸福最坚实的基础。

★ 父母应该重视构建孩子的正向情绪和人格特质,胜过化解他的负面情绪或消除负面的人格特质。

★ 情绪教育的两大核心概念就是:情绪感受没有对错、情绪反应有恰当与否。

★ EQ教养的目标在于引导孩子发挥自己的情绪优势,改善自己的情绪弱点,找到最适合自己的情绪风格。

★ 能够接纳自己、了解自己的主观情绪,并且能够因人、事、时、地、物,来调整情绪反应的方式,才是高EQ的表现。

★ 当一个人愿意敞开心胸听听别人的解释,他就拥有了多元的观点,必要时,自然能够换个角度想。

★ 孩子有情绪时,讲道理往往无效,因为讲道理和聆听最大的差异,在于有没有了解并接纳孩子的情绪。

★ 唯有处理了情绪,孩子才能够静下心来思考道理。

★ 希望孩子放松,父母必须先停止焦虑;希望孩子乐观,父母必须不怨天尤人。

★ 延迟满足的能力关系着学业成就表现、自尊、理智的运用、预做规划以及处理问题的能力,甚至人际关系的掌握。

★ 肯定孩子的努力与成果,失败时不给予指责;当成功完成任务、克服困难的经验较多时,孩子就能够发展出乐观的特质。

★ 过多的保护可能扼杀好奇探索这项可贵的本能,透过经验的累积,孩子对自己的能力、个性、成熟度等条件会有更客观的认知。

★ 人类情绪受生理激发状态的影响很深,要建立高 EQ 的家庭文化,希望悠游享受亲子互动,必得学会让生活留白。

★ 零压力造成零成长,过度的压力则导致一蹶不振,唯有适度的压力才是成长的最佳刺激。

★ 提升孩子的抗压性,是从培养孩子觉察压力的存在、了解自己承受压力的极限开始。

★ EQ 的提升与自我成长的轨迹比较像是"日渐成熟,减少犯错",而不是"痛改前非,不再贰过"。

★ 考试的目的在于帮助孩子自身、老师和家长了解孩子的学习状况,而不在于让孩子感到挫折与愚笨。

★ 表达情绪的原则包括:客观处理孩子让你困扰的行为、说明这个行为可能导致的后果,以及说出你的感受。

★ "不一致"本来就是常态,但真正造成冲突的往往不是差异,而是探讨差异、面对冲突的方式。

★ 孩子终究是孩子,生命的成长需要耐心等待,即使父母处理得宜,孩子也不会永远不争吵。

★ 明确要求孩子尊重每个人都有他自己的地雷区域,开玩笑一定得限定在双方都同意、有默契的范围内。

★ 经由充分地沟通、和谐地约定,以及坚定地执行,长假将成为帮助孩子建立智慧、勇气与毅力的最佳时机。

★ 研究证明,积极正向的朋友互动与家庭关系,可以缓和、降低困境所带来的压力。

图书在版编目(CIP)数据

教出高情商的孩子／杨俐容著.——武汉：长江少年儿童出版社，2017.12
ISBN 978-7-5560-6795-4

Ⅰ.①教… Ⅱ.①杨… Ⅲ.①情商-家庭教育 Ⅳ.①G78

中国版本图书馆CIP数据核字(2017)第230370号
著作权合同登记号：图字17-2016-348

《教出高情商的孩子》

版权所有 © 杨俐容
本书版权经由亲子天下股份有限公司授权
海豚传媒股份有限公司出版简体版权，委任安伯文化事业有限公司代理授权
非经书面同意，不得以任何形式任意重制、转载。
本书中文简体字版权经亲子天下股份有限公司授予海豚传媒股份有限公司，
由长江少年儿童出版社独家出版发行。
版权所有，侵权必究

教出高情商的孩子

杨俐容／著
责任编辑／傅一新　佟一　兰芳
装帧设计／黄珂　美术编辑／杨念　内芯绘画／魏楠
出版发行／长江少年儿童出版社
经销／全国新华书店
印刷／深圳市永利达印刷有限公司
开本／880×1230　1／32　6.875印张
版次／2017年12月第1版第1次印刷
书号／ISBN 978-7-5560-6795-4
定价／45.00元

策划／海豚传媒股份有限公司
网址／www.dolphinmedia.cn　邮箱／dolphinmedia@vip.163.com
阅读咨询热线／027-87391723　销售热线／027-87396822
海豚传媒常年法律顾问／湖北珞珈律师事务所　王清　027-68754966-227